欢乐英雄 / HUANLE YINGXIONG /
迪士尼 / DISHINI /

王金锋 ◎ 编著

辽海出版社

图书在版编目(CIP)数据

欢乐英雄迪士尼 / 王金锋编著. —沈阳：辽海出版社，2017.6
ISBN 978-7-5451-4194-8

Ⅰ.①欢… Ⅱ.①王… Ⅲ.①迪斯尼(Disney, Walt 1901-1966)-传记
Ⅳ.①K837.125.38

中国版本图书馆 CIP 数据核字(2017)第 136853 号

责任编辑：孙德军
封面设计：李　奎

出版者：辽海出版社
　地　　址：沈阳市和平区十一纬路 25 号
　邮　　编：110003
　电　　话：024-23284381
　E-mail：dszbs@mail.lnpgc.com.cn
　http://www.lhph.com.cn
印刷者：北京一鑫印务有限责任公司
发行者：辽海出版社

幅面尺寸：155mm×220mm
印　　张：14
字　　数：218 千字

出版时间：2017 年 7 月第 1 版
印刷时间：2017 年 8 月第 1 次印刷
定　　价：29.80 元

《世界名人传记文库》编委会

主　编	游　峰	姜忠喆	蔡　励	竭宝峰	陈　宁	崔庆鹤
副主编	闫佰新	季立政	单成繁	焦明宇	李　鸿	杜婧舟
编　委	蒋益华	刘利波	宋庆松	许礼厚	匡章武	高　原
	袁伟东	夏宇波	朱　健	曹小平	黄思尧	李成伟
	魏　杰	冯　林	王胜利	兰　天	王自和	王　珑
	谭　松	马云展	韩天骄	王志强	王子霖	毕建坤
	韩　刚	刘　舫	宫晓东	陈　枫	华玉柱	崔　武
	王世清	赵国彬	陈　浩	芝　羿	姜钰茜	全崇聚
	李　侠	宋长津	汪　裴	张家瑞	李　娟	拉巴平措
	宋连鸿	王国成	刘洪涛	安维军	孙成芳	王　震
	唐　飞	李　雪	周丹蕾	郭　明	王毓刚	卢　瑶
	宋　垣	杨　坤	赖晖林	刘小慈	张家瑞	韩　兆
	陈晓辉	鲍　慧	魏　强	付　丽	尹　丛	徐　聪
	主勇刚	傅思国	韩军征	张　铧	张兴亚	周新全
	吴建荣	张　勇	李沁奇	姜秀云	姜德山	姜云超
	姜　忠	姜商波	姜维才	姜耀东	朱明刚	刘绪利

	冯　鹤	冯致远	胡元斌	王金锋	李丹丹	李姗姗
	李　奎	李　勇	方士华	方士娟	刘干才	魏光朴
	曾　朝	叶浦芳	马　蓓	杨玲玲	吴静娜	边艳艳
	德海燕	高凤东	马　良	文　夫	华　斌	梅昌娅
	朱志钢	刘文英	肖云太	谢登华	文海模	文杰林
	王　龙	王明哲	王海林	台运真	李正平	江　鹏
	郭艳红	高立来	冯化志	冯化太	危金发	仇　双
	周建强	陈丽华	叶乃章	何水明	廖新亮	孙常福
	李丽红	尹丽华	刘　军	熊　伟	张胜利	周宝良
	高延峰	杨新誉	张　林	魏　威	王　嘉	陈　明
总编辑	马康强	张广玲	刘　斌	周兴艳	段欣宇	张兰爽

总 序

　　我们每个人心中都有自己崇拜的名人。这样可以增强我们的自信心和自我认同感,有益于人格的健康发展。名人活在我们的心里,尽管他们生活在不同的时代、不同的国度、说着不同的语言,却伴随着我们的精神世界,遥远而又亲近。

　　名人是充满力量的榜样,特别是当我们平庸或颓废时,他们的言行就像一触即发的火药,每一次炸响都会让我们卑微的灵魂在粉碎中重生。

　　名人带给我们更多的是狂喜。当我们迷惘或无助时,他们的高贵品格就如同飘动在高处的旗帜,每次招展都会令我们幡然醒悟,从而畅快淋漓地感受生命的真谛。只要我们把他们视为精神引领者和行为楷模,就会不由自主地追随他们,并深刻感受到精神的强烈震撼。

　　当我们用最诚挚的心灵和热情追随名人的足迹,就是选择了一个自我提升的最佳途径,并将提升的空间拓展开来。追随意味着发现,发现名人的博大精深,发现时代赋予我们的使命,发现最真实的自我;追随意味着提升,置身于名人精神的荫蔽之下,我们就像藤蔓一般沿着名人硕大粗壮的树干攀援上升,这将极大地缩短我们在黑暗中探索的时间,从而踏上光明的坦途。

不要说这是个崇尚独立思考的年代,如果我们缺乏敬畏精神,那么只能让个性与自由的理念艰难地生长;不要说这是个无法造就伟人的年代,生命价值并不在于平凡或伟大。如果在名人的引领下,读懂平凡世界中属于自己的那本书,就能够成为最好的自己。

名人从芸芸众生中脱颖而出,自有许多特别之处。我们追溯名人成长的历程,虽然每位人物的成长背景都各不相同,但或多或少都具有影响他们人生的重要事件,成为他们人生发展的重要契机,并获得人生的成功。

名人有成功的契机,但他们并非完全靠幸运和机会。机遇只给有准备的人,这是永远的真理。因此,我们不要抱怨没有幸运和机遇,不要怨天尤人,我们要做好思想准备,开始人生的真正行动。这样,才会获得人生的灵感和成功的契机。

我们说的名人当然是指对世界和人类做出突出贡献的伟大人物,他们包括著名的政治家、军事家、发明家、文学家、艺术家、思想家、哲学家、企业家等。滚滚历史长河,阵阵涛声如号,是他们,屹立潮头,掀起时代前进的浪花,浓墨重彩地描绘着人类的文明和无限的未来,不断开创着辉煌的新境界和新梦想,带领我们走向美好的明天。

政治家是指那些在长期政治实践中涌现出来的具有一定政治远见和政治才干、掌握权力,并对社会发展起着重大影响作用的领导人物。军事家是指对军事活动实施正确指引或是擅长具体负责军事行动实施的人,一般包括战略军事家和战术军事家。

政治家、军事家大多充满了文韬武略,能够运筹帷幄,曾经叱咤风云,纵横天地,创造着世界,书写着历史,不断谱写着人类的辉煌篇章,为人们留下了许多宝贵的精神财富和物质财富。

科学发明家是指专门从事科学研究和发明,并做出了杰出贡献的人士。他们从事着探索未知、发现真相、追求真理、改造世界和造福人类的大学问。他们都有献身、求实、严谨和持之以恒的精神，都具有一颗好奇心。从好奇心出发，他们希望探知事物规律，具有希望看到事物本质一面的强烈意识与探索激情。还有就是他们都有恒心，他们在科学研究中不断努力，努力，再努力，锲而不舍，具有永不止步的追求精神。

文学家是指以创作文学作品为自己主要工作的知名人士和学者等。其中，诗人是指诗歌的创作者，小说家指小说创作者，散文家指散文创作者，而文学家则是指在诗歌、小说、散文、戏剧等各种文学体裁领域均取得一定成就的创作者，他们是人类精神财富的创造者。

艺术家是指具有较高审美能力和娴熟创作技巧并从事艺术创作劳动而具有一定成就的艺术工作者。进行艺术作品创作活动的人士，通常指在绘画、表演、雕塑、音乐、书法及舞蹈等艺术领域具有比较高的成就，并具有了一定美学造诣的人。他们是生活中美的发现者和创造者，极大地丰富着我们的生活。

哲学家、思想家是指对客观现实的认识具有独创见解并能自成体系的人士。思想主要是用言语和符号来表达的，而致力于研究思想并且形成思想体系的人就是哲学家、思想家。他们用独到的思想解决生活中遇到的问题，且在此过程中逐渐认识自我与宇宙，以此解决人们思想认识上矛盾迷惑的问题。他们是我们人类灵魂的工程师，塑造着我们的人格，探讨所有人类重要的问题和观念，并创造出一种思考和思想的能力，闪烁着智慧的光芒，照耀着人类前进的步伐，推动着人类思想和精神不断升华，使人类不断摆脱低级状态，不断走向更高境界。人是有思想和精神的高级动物，因此，哲学家和思想家是人类不可或缺的，是我们人类的伟大导师。

企业管理家是最直接创造财富的人。他们创造物质财富,推动社会不断进步,使得人们更加幸福。财富虽然只是一个象征,但它与人们的生活、国家的发展、民族的强盛等息息相关。企业家也创造巨大的精神财富,他们在追求财富过程中所表现出来的创新、冒险、合作、敬业、学习、执著、诚信和服务等精神,是我们每一个人学习的榜样。

我们追踪这些名人成长发展过程中的主要事件,就会发现他们在做好准备进行人生不懈追求的进程中,能够从日常司空见惯的普通小事上,碰撞出思想的火花,化渺小为伟大,化平凡为神奇,从而获得灵感和启发,获得伟大的精神力量,并进行持久的人生追求,去争取获得巨大的成功。

影响名人成长的事件虽然不一样,但他们在一生之中所表现出来的辛勤奋斗和顽强拼搏的精神,则大同小异。正如爱迪生所说:"伟大人物最明显的标志,就是他们拥有坚强的意志,不管环境怎样变化,他们的初衷与希望永远不会有丝毫的改变,他们永远会克服一切障碍,达到他们期望的目的。"

爱默生说:"所有伟大人物都是从艰苦中脱颖而出的。"因此,伟大人物的成长也具有其平凡性。正如日本著名歌人吉田兼好所说:"天下所有伟大人物,起初都是很幼稚且有严重缺点的,但他们遵守规则,重视规律,不自以为是,因此才成为名家并进而获得人们的崇敬。"所以,名人成长也具有其非凡之处,这才是我们应该学习的地方。

英国著名哲学家培根说:"用伟大人物的事迹激励青少年,远胜于一切教育。"为此,本套作品荟萃了古今中外各行各业最具有代表性的名人,阅读这些名人的成长故事,探知他们的人生追求,感悟他们的思想力量,会使我们从中受到启迪和教育,让我们更好地把握人生的关键,让我们的人生更加精彩,生命更有意义。

简　介

华特·伊利亚斯·迪士尼（Walter Elias Disney，1901~1966），美国著名导演、制片人、编剧、配音演员和卡通设计者。1901年12月5日出生于美国芝加哥。

1918年，迪士尼将年龄虚报了一岁，参加了红十字会，当了救护车的驾驶员。

1922年，迪士尼辞去了广告公司的工作，自筹了1500美元，创办了动画片制作公司。结果被两名推销员偷盗了资金，公司宣告破产。

1923年夏天，迪士尼来到好莱坞，和哥哥罗伊凑了3200美元成立了"迪士尼兄弟动画制作公司"。

1928年，迪士尼创造了米老鼠这一经典卡通形象，被称为米老鼠之父。

1954年，迪士尼开始制作电视片，并于1961年在电视上播放，成功地获得了良好的视觉效果。

第二次世界大战后，迪士尼于1955年在洛杉矶建立了迪士尼乐园。之后，他又在美国东部的佛罗里达州建了一座规模更大的乐园。

1966年12月15日，刚刚度过了65岁生日的迪士尼病逝。

惹人喜爱的动画明星米老鼠和唐老鸭的形象从20世纪30年代开始风靡世界，经久不衰，深受成人和儿童的喜爱。

他们的"生身父母"迪士尼也被人们称为卡通片大王。他是有声动画片和彩色动画片的创造者，曾荣获奥斯卡金像奖。后来，他又根据这些可爱的银幕形象设计和创建了被称为世界第九大奇迹的迪士尼乐园。

迪士尼创作了世界上第一部有声卡通电影《威利号轮船》、世界上第一部长篇卡通电影《白雪公主》以及《小飞象》《小鹿斑比》等众多影响世界、老少皆宜的优秀卡通影片。

迪士尼是美国的一位英雄人物，他创造了米老鼠这个卡通形象，并且改变了美国文化的表象。

迪士尼的成功是非常独特的，他把动画电影带进了艺术的殿堂，并且对世界民间艺术做出了重大的贡献。

迪士尼是一个传奇，他创造了卡通人物米老鼠，制作了电影史上第一部完整的动画影片，创建了迪士尼主题公园，组建了现代化多媒体公司，他的创意改变了世界的面貌。

迪士尼称得上是20世纪的英雄。

迪士尼不是医生，他胜过医生。他用自己的职业，去医治人类的心灵。他在这方面的作用，也许要超过世界上任何一位心理医生。

著名作家鲍勃·托马斯写道："华特·迪士尼是个没有怎么上过学的堪萨斯城卡通画家，在第一次制作电影的时候破产了，但是最终却成为创造出无与伦比的动画艺术作品的天才，成为国际娱乐业的擎天柱，对好几代人都产生了巨大的影响。"

目　录

热爱动物是天性 …………………… 001
心地善良的孩子 …………………… 006
性格坚强有毅力 …………………… 011
画画是他的天赋 …………………… 014
具有强烈的好奇心 ………………… 020
在艰难中生活 ……………………… 024
一边上学一边送报 ………………… 031
广泛的兴趣爱好 …………………… 035
具有远大的理想 …………………… 043
虚报年龄去参军 …………………… 052
善良敦厚的品性 …………………… 056
军人生涯的终结 …………………… 063
创办自己的公司 …………………… 067
开始接触电影 ……………………… 073
坚强地面对失败 …………………… 077
再次努力创业 ……………………… 083
顽强地克服困难 …………………… 088
收获幸福婚姻 ……………………… 092
陷入奥斯华之争 …………………… 097

创作米老鼠作品 …………… 104
上了骗子的当 ……………… 110
努力获得了成功 …………… 117
创作《三头小猪》 ………… 122
创作《白雪公主》 ………… 135
发售投资股票 ……………… 146
与艰难险阻斗争 …………… 151
在战争期间的工作 ………… 160
事业逐步发展壮大 ………… 164
建造迪士尼乐园 …………… 172
设计迪士尼世界 …………… 181
面对荣誉与孤寂 …………… 188
勇敢攀登新高峰 …………… 193
为事业奋斗到底 …………… 200
附：年　谱 ………………… 210

热爱动物是天性

华特·迪士尼于1901年12月5日在美国的芝加哥出生。他的名字随着米老鼠与唐老鸭的问世开始誉满世界。

迪士尼的祖先居住在法国,迪士格尼是他们的原姓。大约在11世纪时,远祖休斯·迪士格尼作为一名法国军人,加入法国军队自诺曼底入侵英格兰,而后定居在英格兰。

此时,休斯·迪士格尼将原姓改为符合英国习惯的迪士尼。几个世纪后,迪士尼家庭的一个分支在英王查理二世王政复辟时代迁到爱尔兰。

迪士尼的曾祖父艾莱德生于1801年。为了寻求新生活,艾莱德与兄弟罗勃于1834年9月携带家眷从利物浦上船,开始了美国之行。艾莱德和妻子玛丽亚一共生了16个孩子。凯普·迪士尼是长子,他是1832年在爱尔兰出生的。

1878年,凯普夫妇带着他们的儿子伊利亚斯和罗勃,离开了漫长冬日的加拿大,向加利福尼亚迁移。

1888年的美元旦,28岁的伊利亚斯与19岁的弗洛拉结为伉俪。

婚后，伊利亚斯便关闭了农庄，重新在戴陀那海滩买了一家旅馆。但不久观光旅游行业日趋萧条，旅馆也不得不关门了。这时，他们的第一个孩子赫伯特已经降生了。

1901年12月5日，伊利亚斯的第四个小儿子华特·迪士尼出生于芝加哥特里普大街。他比3个哥哥都漂亮，性情温和、乖巧，得到了母亲特别的宠爱，几个哥哥也很喜欢这个弟弟。

三哥罗伊经常推着婴儿车带着他出去，并高兴地用自己赚来的一点钱给他买玩具。

伊利亚斯家的第五个孩子是个女儿，比迪士尼晚两年半出生，名叫露丝·弗洛拉·迪士尼。这个时候，伊利亚斯越来越注重在大城市中对子女的教育，这是由于邻居的两个青年在一次抢劫案中杀死了一名警察而被捕。最后，他决定离开这个罪恶的城市，把家迁到纯朴幽静的乡下去。

伊利亚斯的弟弟罗勃一家住在密苏里州的马赛琳，那里有肥沃的土壤、青翠的山林，丘陵起伏，气候怡人。并且那里有煤矿和油业，各行各业都很繁荣，购买东西也极为方便，经济发展很稳定。

于是，伊利亚斯便也搬到了密苏里州的马赛琳。美国许多小镇都是因为通铁路而兴盛起来的，马赛琳也不例外。马赛琳镇位于密苏里州中央的林恩郡旁。过去这儿只是一个偏僻的小村庄，一条铁路从村旁经过直通120千米以外的堪萨斯市，靠着铁路小镇逐渐繁荣起来。

迪士尼的父亲在马赛琳镇买下了一座农场。这个农场有一个好听的名字"仙鹤农场"。

迪士尼就是在马赛琳农场度过了他的童年时光。农庄非常美丽，农庄前有一大片草地，周围有几棵古柳，柳条随风摆动。庄上有新旧两个果园，园中有各种果树。仙鹤农场面积为48英亩，可以种植水果兼畜牧业。

迪士尼到农场时只有5岁。伊利亚斯安排他的两个哥哥赫伯特和雷蒙德帮助他在芝加哥打点行李，所以让弗洛拉带着罗伊、迪士尼和妹妹先去新家。

农场的房子大而宽敞，正门前恰好长有一棵高大的榆树，繁茂的枝叶给屋顶和门廊上投下了诱人的浓荫。在等父亲和两个哥哥带来家具的期间，迪士尼他们和妈妈都临时凑合住在房子里。晚上他们就在那间空房子的硬地板上睡觉，一点儿也不觉得难受。

妈妈借着烛光给他们读书，哄他们睡觉。孩子们一听到屋外猫头鹰阴森的叫声就浑身发抖。这时妈妈就不停地给孩子们壮胆，让孩子们觉得自己就像开拓者似的，正在进行一次了不起的冒险。

3个孩子一见到他们的新家就被迷住了。新家在一片葱绿的乡间，苹果园和李子园里的花正含苞待放，孩子们觉得这是一个美丽的地方。他们就像一只只快活的小鹿，迫不及待地一头扎进了大自然之中。

一周后，伊利亚斯、赫伯特和雷蒙德从芝加哥搭乘一辆货车来到农场。车里不仅有家具，还装着两匹伊利亚斯在出发前买下的耕马。当时大家过得都很开心，而在父亲和两个哥哥到来后，孩子们反倒觉得不大自在了。

仙鹤农场的四周是一望无际的草地，一条小溪从草地上流过，像一条银色的带子。溪水清澈见底，小鱼在水中自由自在地游来游去。草地上开满了大大小小的野花，兄弟几个不一会儿就采了一大把。

忽然，迪士尼惊喜地喊起来："兔子！是兔子！"

只见一只灰色的野兔正从草丛里钻出来，它长着两只硕大的耳朵，一双小眼睛警觉地东张西望，尤其是它的嘴巴上长着几根稀疏的胡子，使迪士尼觉得很好玩。

迪士尼张开双手向野兔跑过去，可是野兔身子一弓，钻进草丛里没了踪影。

迪士尼十分委屈地对哥哥说道："我并没有想要伤害它，可它还是跑了。"

"兔子总是怕人的。"罗伊解释说，"虽然你不想伤害它，可是它并不知道。"

"我会让它知道的。"迪士尼蛮有把握地说，"我想，我们可以成为朋友。"

后来，罗伊不能经常带弟弟一道出来玩耍了，因为农场需要劳动力，父亲要求3个大一点的儿子同他一道去干活。每天，父亲和3个哥哥外出劳作，母亲照料家务，而迪士尼和妹妹露丝的"任务"就是玩。迪士尼已经熟悉了仙鹤农场的环境，他一天到晚在外面奔跑，不到肚子饿时绝不回家。

在离农场稍远的地方，有一片树林，参天的大树郁郁葱葱，他第一次看到了附近树林中的胡桃树、柿子树、野葡萄及野樱桃。这些树结果实时，人们可以任意采食。那里还有许多小动物是在芝加哥无法见到的，像狐狸、兔子、松鼠、云雀、苍鹰、乌鸦、燕子、啄木鸟等。

那片树林就成了迪士尼的乐园，他在这里试图同一切动物交朋友，很想带一只活蹦乱跳的小动物回家去。有一段时间，他不再经常往草地和树林里跑了，而是更愿意躲在果园里一个人独自玩耍。

果园里另有一番情趣，在这里有蝴蝶飘飘摇摇地飞，蜜蜂唱着劳动的歌儿在忙碌，有时蚂蚁们会成帮结队地拖一只不慎落下树来的青虫，翻开泥土可以看到把身体埋在地下的蚯蚓。

迪士尼往往一连几个小时蹲在树下，沉浸在他自己的乐趣之中。

有时，在果园里干活的父亲和哥哥们竟然不知道迪士尼就在不远的地方，正在开辟着一个属于他自己的世界。

蝴蝶、蜜蜂、蚂蚁和蚯蚓比较容易弄到手，它们毕竟不像野兔那样疑心过重而且动作敏捷。不过，捉蜜蜂时须防备挨蜇，迪士尼可没少吃蜜蜂的苦头。

但是，迪士尼依旧对小动物们充满着热心。

心地善良的孩子

迪士尼的3个哥哥和父亲已经趁着春天开始耕地了，他们把大部分的土地用来种玉米，另外的就种小麦和大麦。伊利亚斯买了奶牛以便生产牛奶，又买了猪、鸡和鸽子养着，长大了便杀了吃掉。

哥哥们已经没有时间带小迪士尼去玩了，仙鹤农场有几十公顷的土地需要耕种，还有两个果园也需要照管。

孩子们的母亲一天忙到晚，除了给丈夫和孩子们烧一些吃的东西，帮他们洗衣服、缝补衬衫及外套，还要挖掘菜园，搅制牛油，以便到杂货店去换一些必需品。

母亲弗洛拉做的牛油纯而且味道鲜美，以至于杂货店的老板特别开设了一个柜台来出售她做的牛油。

迪士尼因为年幼，就跟在母亲的身后帮着干点杂活。他又瘦又高，一头蓬松的黄发，并且总喜欢好奇地看，眼睛转个不停，好像每个东西对他来讲都很新鲜。他的妹妹小露丝则跟在他后面转，形影不离。

他们搬来后,邻居农民科夫曼告诉他们田野里有长耳朵大野兔,要防止它们对农作物进行破坏。他劝迪士尼家把它们杀光,否则它们会把见到的东西都啃个一干二净。他咂巴咂巴嘴又说长耳朵大野兔的肉可是好吃极了。

但是,小迪士尼一想到要去伤害这样快活的小动物就感到一丝莫名的恐慌。

在他童稚的心中,一切生命都是平等的,他的小脑袋瓜思考着:为什么人就不能同动物们成为朋友呢?为什么邻居叔叔要伤害它们呢?

小迪士尼多么想和动物们交朋友啊!于是,他飞快地跑到动物们的身边,可惜的是,他的一切努力全都白费,动物们对他敬而远之,躲得远远的。

迪士尼善良的愿望得不到回报,这使他感到孤独和委屈。他不能同蝴蝶、蜜蜂、蚂蚁和蚯蚓们交流,好像有一堵无形的墙,把它们和人类隔绝开来,不管怎样设法,感情的沟通都是不可能的。

幼年的迪士尼为此深感悲哀。

有一天,风和日丽,蓝天笼罩着旷野,草地上充溢着泥土的芳香,大自然显得温柔而又安宁。迪士尼趴在牧场那浓密的草丛中仔细观看着小动物的一举一动。

兔子在春风里快活地嬉戏奔跑追逐,有的还摆弄着自己那小小短短的尾巴,有的甚至还能直立奔跑几步。迪士尼很为自己能见到兔子的真面目而激动不已。

迪士尼的哥哥罗伊则显得实际多了。在去马赛琳农场的路上,他们曾在曼森堡停下来,去看弗洛拉出嫁的妹妹。临别时罗伊收到姨父送的一支气枪，让他去打他家农场附近会偷食的鹌鹑。

此时罗伊扛着枪，对准一只灌木丛中的野兔一枪命中。当这两个男孩儿跑过去时，这只可怜的小动物还在挣扎。

迪士尼看到哥哥伸手拎起野兔拧断它的脖子时，眼泪不禁夺眶而出。

迪士尼愤怒地吼了起来："罗伊，你这个凶手！是你打死了我的小兔子，它是我的好朋友！"

"这不可能。"哥哥罗伊笑着说道，"人和动物不能成为朋友，尤其是野生的动物。"

迪士尼大哭起来，拼命摇着哥哥的手臂，绝望地叫着："罗伊，你这个坏蛋、恶人！你还我的小兔子！我要你还我的小兔子！"

哥哥罗伊大声地说："野兔是一种有害的动物，这些长耳朵的家伙会啃光所有的庄稼。在全美国，没有任何一条法律禁止打野兔。"

迪士尼摇摇头，继续大哭着："不不不！我禁止，我禁止……"

看到弟弟难过的样子，罗伊摸摸迪士尼的黄头发，安慰道："别伤心了，今天晚上会有烤兔子吃的。"罗伊说完，就大踏步地回去了。

这天，迪士尼回去得特别晚，到家时已经开晚饭了。饭桌上果然有一只焦黄的烤兔，可是迪士尼一口也不肯吃，早早地回房睡觉去了。

此后不久又发生的一件事情，更是令迪士尼终生难忘。

有一年夏天的一个星期天，迪士尼放猪回来较早，他便在果园中玩耍，无意中一抬头，看见一棵果树上蹲着一只罕见的大鸟。它闭着眼睛，夕阳的余晖为它的毛发镀上了一层金光。

"猫头鹰!"迪士尼惊叫起来。迪士尼见过它的图画,所以一眼就认出来了。

虽然猫头鹰总是在夜间出没,白天总是在比较隐蔽的地方歇息,孩子们一般很难见到它,但这只猫头鹰或许是昨晚在果园里捉田鼠,天亮时没来得及飞走,这才给迪士尼造成和它相见的机会。

迪士尼感到非常的好奇。"我要得到它,并且把它养起来。"迪士尼对自己说。

迪士尼不假思索,蹑手蹑脚地向那棵果树走去。猫头鹰觉察到有人来到近旁,它发出一种不安的声音,而且张了张翅膀,好像马上就要飞走。迪士尼太喜欢这只鸟了,他不能让它飞走。情急之下,他不顾一切地扑了上去。

可是受到惊扰的猫头鹰尖叫起来,并伸出利爪在迪士尼的手上狠狠地挠了一下。迪士尼的手被挠破了,开始流血。猫头鹰并没有飞走,仍然蹲在那里。而迪士尼却火了,他要教训这只不知好歹的猫头鹰。

悲剧在瞬间发生了,猫头鹰被他狠狠地摔在地上,像是一只装满东西的袋子,接着迪士尼又上前使劲地踩了一脚。

猫头鹰蹬了蹬腿,很快就不动了。迪士尼小心地用一根树枝给猫头鹰翻了个身,发现猫头鹰已经死了。迪士尼久久地坐在猫头鹰的尸体旁边,脑袋里一片空白,不知过了多久,他隐隐觉得手有些疼,刹那间竟觉得心也疼起来了。

迪士尼猛然生出一个念头:"天哪!我刚才都干了些什么呀?!"

迪士尼突然记起那只野兔死时的惨状,记起哥哥罗伊残忍地扭断兔子的脖子,记起自己冲着罗伊的背影大呼"凶手",而现在,自己竟也扮演了和罗伊同样的角色!

迪士尼心里非常懊悔，但猫头鹰已经死了，他要把它送回到树枝上去，让它还蹲在那里，一切恢复原状。可是，他的所有努力都是徒劳的，猫头鹰的尸体已经开始变硬了。

迪士尼痛悔不已，他只好挑了一个好地方，小心翼翼地将它埋了，还立了一个小墓碑。迪士尼学着大人们的样子，为猫头鹰举行了只有他一人参加的葬礼。这之后的好几个月中，迪士尼都很难过，常在梦中看到那只猫头鹰。

性格坚强有毅力

尽管迪士尼想和野生动物亲近的愿望一再受挫，而和家中的动物交朋友却显得容易多了。他所管辖的那些猪和鸭子早已熟悉了它们的小主人。

迪士尼特别喜爱小动物，家里有一头小猪，出生时十分瘦小，家里人给它起名叫作小瘦子。父亲伊利亚斯说："小瘦子是长不大的。"

按照惯例，这样弱小的奶猪一般都是极早处死，以免白白浪费饲料，由于迪士尼坚决不肯，总算给小瘦子留了一条活路。

迪士尼用奶瓶亲自给小瘦子喂奶，后来小瘦子逐渐长大了，放牧时它总是形影不离地跟在迪士尼身边。

家里的两匹马中，有一匹叫查利，罗伊后来就是用它来学习骑马的。迪士尼的腿还不够长，骑不了这匹马。

有一天，迪士尼在草地上放牧，罗伊骑马跑来看他。罗伊骑在查利上面显得特别神气。迪士尼也想像罗伊那样骑在马上兜兜风，可是他的年纪实在太小，无论费多大劲，就是爬不到马背上。

"你也想骑马?"罗伊笑道,"我看你还是骑猪吧!"

哥哥的一句话,迪士尼还真往心里去了。他想:"对呀!既然不能骑马,那么就骑猪好啦!"

迪士尼立即开始在猪群中寻找满意的"坐骑"。

小瘦子显然不行,虽然它很愿意为主人效力。找来找去,迪士尼相中了一头名叫波克的大猪。

波克有着粗壮的骨骼,宽厚的背脊。"骑在它身上一定很舒服。"迪士尼心想着,不动声色地来到波克的身边,趁它不备,双手捉住它的大耳朵,猛然跃起,骑到它的身上,双手揪住波克的耳朵。

波克吓了一跳,号叫着在草地上狂奔,在农场园子里乱跑乱叫,把正在晒太阳的鸭子吓得"嘎嘎"叫着四下逃散。小瘦子也惊恐地躲到了一边。

迪士尼脸色煞白,紧紧地抱住波克的脖子,想慢下来已经来不及了。不大一会儿,波克就把他重重地摔在了地上。这一下摔得好疼,迪士尼躺在地上半天爬不起来。

忽然他觉得有一股热气喷在脸上,抬头一看,原来是小瘦子正在用长长的嘴巴拱他呢!它想帮着主人站起来。迪士尼一跃而起,再次骑到波克的身上。波克仍然是狂奔不止。就这样,迪士尼接二连三地被摔倒在地上。

一次,愤怒的波克冲进放鸭的池塘,一下就把他甩进泥里。当迪士尼从溪水中爬出来时,他的衣服全湿透了,脸上还沾满了淤泥。波克却是从中获得了很大乐趣似的,把迪士尼甩进稀泥里后,站在池塘边,摇着尾巴。

当天晚上回到家,妈妈见迪士尼的衣服又湿又脏,免不了要询问一番。迪士尼只推说是不小心跌到溪水里去了。性格坚强而又好胜的迪士尼心里想："波克，你等着，我一定要征服你！"

以后每天，迪士尼都要骑到波克的身上去。但是，波克照样奔跑，迪士尼照样挨摔。不过，迪士尼也摔出了经验，他从猪身上摔下时，一定要侧着身子，让屁股先着地，这样可以摔得不太疼。另外，他还努力避免掉到水里去，不能把自己弄得太狼狈了。

这是一场毅力的比赛。波克在顽强的主人面前，早已显得无可奈何了。它虽然总能成功地把主人摔到地上，可是不能像同伴那样去觅食，不能去饮水，不能美美地晒太阳，每天它都被弄得精疲力竭，肚子也总是吃不饱。

终于有一天，当迪士尼骑到波克身上时，它不再发狂了，而是只顾吃青草，它必须抓紧时间填饱肚子。狂暴的波克就这样屈服了。迪士尼又训练波克听从命令，让它走它就走，让它停它就停。从此，迪士尼有了自己的坐骑。

没过多久，三哥罗伊又来看弟弟了，他惊讶地发现弟弟骑着猪在草地上放牧，威武得像个将军。在迪士尼的身后还跟着另一头猪，很像是个保镖，那是忠心耿耿的小瘦子。罗伊奇怪地说道："真是不可思议！你是用什么办法让这个蠢家伙听话的？"

弟弟狡黠地眨着眼睛，说道："我先和它交朋友呀！我早说过，人和动物是能成为朋友的。"

后来，迪士尼家的小儿子拿猪当马骑的事就在仙鹤农场这一带传开了，好多人都想亲眼看一看。

当时，刚好仙鹤农场出产一种远近闻名的"狼河苹果"，果实很大，每年都有人专程来买这里的苹果。近年来买果子的人都想看看迪士尼骑猪的本领，迪士尼就不厌其烦地表演给他们看。伊利亚斯觉得这对苹果的销售有利，所以对小儿子的胡闹没有加以制止。

画画是他的天赋

在回忆迪士尼少年时代在农场的故事时,他们家人常会提到他第一次尝试画画的情形。

有一次,迪士尼的父母和3个哥哥都到马赛琳镇上去了,把两个最小的孩子扔在家中。6岁的迪士尼和4岁的妹妹露丝如今成了仙鹤农场这块小小领地上的主人了。这样的机会很少有,以往大人们在家的时候,是有着各种各样限制的。

今天好啦,没有人管着,迪士尼和露丝决定尽情尽兴地玩一玩。一开始他们装扮小动物,后来就玩捉迷藏。在玩捉迷藏时,他们无意中发现库房中有一桶奇怪的东西,又黑又稠。

"这是什么呀?"露丝问道。

"我也不知道呀。"迪士尼也有些奇怪地打量着那桶黑乎乎的东西。

小兄妹俩你看看我,我看看你,谁也无法回答。他们实在太小了,不知道这是一桶焦油。焦油用来涂在木头桩子上,为的是让埋在地里的木头桩子不容易腐烂。

露丝觉得焦油是不能玩的，说："这东西好脏啊！还有一股怪味，咱们快走吧！"

迪士尼突发奇想，说道："我觉得用这个画画一定很不错，我们用这个画些画吧！"

"画画？"露丝惊讶地说，"在哪儿画呀？"

"画在墙上啊！"迪士尼为自己的想法而兴奋，跃跃欲试地说，"我看大人们就是把画画在墙上的。"

迪士尼曾经见过壁画，他以为图画就是应当画在墙上。

于是，小兄妹俩费了好大的劲，把那桶焦油弄到院子里。在住宅临街的一面，是一堵白色的粉墙。迪士尼搬来凳子，准备在粉墙上作画了。

忽然，露丝有些胆怯，说道："把墙弄脏了，爸爸妈妈回来会生气的。"

"不怕。"迪士尼满有把握地说，"到时候，咱们可以把墙擦干净嘛！"

于是，他们开始作画了。这是一幅风景图，仙鹤农场的景色理所当然地成了壁画的题材。迪士尼站在凳子上，负责画天空和村庄，露丝则负责画大地和花草。

弄了好久，一幅壁画终于诞生了。壁画的主体是迪士尼画出来的，他画了远处的山峦和树林，近处是果园和房屋，他还没忘了给每座房子画上缕缕炊烟。露丝毕竟年幼，她画的大地只不过是一些弯弯曲曲的曲线。

迪士尼不由沉浸在了他的图画当中，旁边的露丝突然说："快把画擦掉吧！爸爸妈妈该回来了。"

迪士尼抬头看看天，只见红日西沉，天色已晚。尽管有些舍不得，迪士尼还是决定把壁画擦掉。

但是，他们突然发现焦油根本擦不下来，于是都开始紧张了起来。不多时，父母和3个哥哥从镇上回来了。他们的父亲伊利亚斯是一个脾气暴躁的人，一进家门就火冒三丈地嚷了起来。

父亲发脾气时是会打人的，几个男孩子全都挨过他的打。迪士尼深深地低下头去，预感到这一顿打怕是躲不掉了。而露丝早已恐惧得哭了起来。母亲弗洛拉是一个宽容大度的人，看着那些画不由赞叹道："这画的是什么呀？这不是咱们的仙鹤农场吗？画得真不错，还真有那么点儿意思呢！"

3个哥哥也都说壁画画得不错。伊利亚斯一听，转过身去看墙上的那幅画。那幅风景图虽然画得幼稚，倒也显得清新明快，在黑白两色之间，洋溢着一股生命的韵律。他也懒得想办法去除掉那些结实的焦油，"哼"了一声就转身走了。

那幅风景图从此就留在迪士尼家的粉墙上，一直过了好多年。直至迪士尼全家搬走的时候，那些画还留在墙上。壁画面对大道，凡到仙鹤农场来的人，一眼就能看到它。人们总要驻足观看，有时还会说上几句评语。

从此之后，迪士尼就迷上了画画。但是要画画，就要有画笔和画纸，迪士尼请求父亲给他买。

可是伊利亚斯一脸不屑地说："买那东西做什么？你想当画家吗？画画能过一辈子吗？"

但迪士尼画画的热情并没有就此打消，反而更加强烈了。既然没有画笔和画纸，迪士尼便找来代用品：家里有取暖的木炭，可以当做笔来用；至于纸，只好用上厕所的手纸。这两样东西都是家里的常备品，取用十分方便。

大自然中可画的东西很多，但迪士尼画得最多的还是小动物。他常常在野外一坐就是几个小时，把小动物的各种形态勾勒下来。不过，小动物们并不懂得配合，它们总是在动，有时一张画还没有画完，它们已经消失得无影无踪。

　　这就逼着迪士尼必须用最简洁的线条把小动物捕捉到纸上，这样他作画的速度也就随之提高了。

　　农场上的动物虽然幼小吵闹，但若同父亲和兄长们相比，他还是更乐意和它们待在一起。父亲太严厉了，根本开不得玩笑。兄长们比他大得多，妹妹露丝又太小。而农场上的禽畜却是形态各异，从而满足了他感情上的需要。

　　迪士尼每天给那些小鸡、小鸭喂食，慢慢地就熟悉了鸡、鸭、鸽子的样子和习性，他和它们也都成了好朋友。

　　有一只叫玛莎的小母鸡与他最熟。每当迪士尼叫她时，它就会走过来趴在他的手里下蛋。

　　迪士尼的坐骑波克也让他感到亲切。波克既是个挑衅者，又是位好朋友。波克特别爱恶作剧，在它想闹的时候，它可以跟一只小狗一样调皮，像芭蕾舞演员一样灵活。它最喜欢悄悄地从迪士尼背后顶他一下，然后高兴地"哼哼"着大摇大摆地走开。如果迪士尼被顶倒了，它就更得意了。

　　后来迪士尼拍制的动画片《三头小猪》里的那只蠢猪就是以波克为原型来塑造的。

　　自从迪士尼喜欢画画以来，所有的这些小动物都成了他平日里画画的对象。迪士尼为这些小动物作画几乎到了一种痴迷的程度。因为他发现，同样是一只小动物，只要作画时的角度不同，或者它们的姿态有所变化，画出的画就绝不会是相同的。

画同一只小动物就会有无穷无尽的画法。于是他接二连三地画下去，画技也就在不知不觉中得到提高。最后，迪士尼为一些小动物作的画居然攒下了一大本子，这使迪士尼感到兴奋和骄傲。

有一次，迪士尼和妹妹露丝共同欣赏这本画册，他们忽然有了一个惊人的发现，在飞快翻动画页的时候，画册中的小动物们好像动了起来，只见它们时而转动脑袋，时而弓起身子。这使迪士尼大为惊异。

他们小兄妹不断地翻动画页，不断地观赏这一奇怪的景观，并为这一现象大感不解。他们不知道，这实际上就是卡通的动画原理。当连续的画面通过电影胶片放映到银幕上时，画面上的景物就会活动起来，这同飞快翻动的画页很相似。

在卡通电影上，每秒钟要"翻动"24张画页。这一道理，迪士尼是到好多年以后才弄明白的。

渐渐地，迪士尼的绘画本领也在仙鹤农场这一带出了名。

迪士尼家有一位邻居叫谢伍德，是位医生，他不止一次夸奖说："这孩子将来说不定能成为一个画家呢！"

迪士尼的母亲听了这话十分高兴，而伊利亚斯却不以为然。

有一天，迪士尼从他家门口经过，谢伍德对他招手，让他进去。并且拿来了纸和笔，把他领到马厩前，说道："给我的马画张像吧，我亲爱的孩子。"

迪士尼有些受宠若惊，他长这么大还没有人找他作画。他觉得唯有画好这幅画，才能对得起人家的信任。他屏声敛气，使出全身解数画起来。医生的马是这一带出了名的好马，栗色的毛皮油亮油亮的，马头高高昂起，马鬃也精心梳理过，一切都显出它的名贵和主人的情趣。

迪士尼足足画了两个来小时。他的画是自学的，只因画得多，倒也得心应手，线条也算流畅。他小心翼翼，力求把那匹马画得更像一些。

终于，一幅骏马素描图完成了，它昂首青天，似在嘶鸣，马鬃飘飘，充满活力。

"好极了，这正是我想要的画。"谢伍德医生高兴地说，"好孩子，这幅画我买下了。"

说着，他塞给迪士尼5角钱。

迪士尼吓了一跳，他还从来没有过这么多钱。他涨红了脸说："不行，我不能要您的钱。"

"傻孩子，在这个世界上，任何服务都是应当获得报酬的。"谢伍德医生和蔼地说，"拿着吧！去买点儿笔和纸吧！"

可是迪士尼万万没想到，当天晚上，那5角钱让父亲发现并没收了。但是，这件事却更加促使了迪士尼对画画的热爱与痴迷。

具有强烈的好奇心

一年年春去夏来，秋往冬至，小迪士尼也渐渐懂些事了。

农活的不断更替，使迪士尼懂得了四季的变化。到了收获芦粟的季节时，他父亲与兄弟就把收割回来的芦粟茎放在压榨器中。

迪士尼就牵着拉磨的马绕圈子转，当看到芦粟茎压碎成糊状时，他便会高兴地跳起来。这些糊状物可以做成糖蜜装在大桶中，或者倒在薄薄的煎饼上当早饭吃，也同样可以加在蛋糕和姜饼中焙烧。

如果收成较好，还可以用吸管把多余的糖浆收集起来，装在陶壶中，送到镇上的杂货店去换一些东西来。

丰收的季节，全农庄上的人都会高兴起来。麦子割下来后，农庄上便弄来了庞大的蒸汽式打谷机，把邻居的篷车系在打谷机的后面接装谷子。

20世纪是一个科学技术飞速发展的时代。当迪士尼一家在密苏里州马赛琳定居的时候，这里已经修建了一条铁路，而且就在离仙鹤农场不远的地方通过。

迪士尼和妹妹露丝经常会听到大人们谈到一些有关火车的事情。有时候，他们在深夜里还能够听到火车的轰鸣声。他们的一个叔叔麦克·马丁就是负责开马赛琳至麦迪堡之间的火车司机。每次到仙鹤农场来时，迪士尼的叔叔都会带一大包糖果给孩子们吃。

不知从何时起，迪士尼开始喜欢上了火车。可是，迪士尼和露丝至今也未能亲眼看到过火车。这天，露丝到小河边来看哥哥放猪，恰好听到火车的汽笛声，好像就是从地平线那边传来的。深藏在小兄妹心中的渴望再也忍不住了。

露丝对哥哥说："华特，你每天都能听到汽笛声，那么你见过真正的火车吗？"

迪士尼摇摇头。

露丝继续说："唉！长这么大我还一次火车都没有见到呢，真的太遗憾了。如果我能看那么一次，哪怕就一次，那该有多好……"

迪士尼听着露丝的抱怨，突然灵机一动，认真地盯着露丝看了看，问："你真的那么想去看火车吗？"

露丝肯定地对哥哥点点头。

迪士尼接着说："其实，铁路离这里一定不会很远，如果我们现在去，太阳落山之前完全可以赶回来……"

露丝不敢相信地问："你说的是真的吗，华特？我们现在就去，天黑前就能回来？"

"当然！你想和我去试一试吗？"

露丝兴奋地点点头。

于是，他们便扔下猪、鸭，向着那让他们万分好奇的铁路走去。

迪士尼和妹妹露丝走了很久，可是地平线总是远远地挂在天边，铁路总也见不着。露丝实在是太累了，几次要哭，还有几次蹲在地上赖着不走。

迪士尼只好一再鼓励她，说："其实铁路就在前面不远处的地方藏着哪！再坚持一会儿就能看见了。"

就这样走走停停，当太阳偏西的时候，他们才见到铁路。

两条铁轨卧在地上，不知哪边是头，哪边是尾，反正两边都见不到尽头。

小兄妹俩见到铁路非常高兴，一路上的劳累全都抛到脑后去了。他们在铁轨边上又蹦又跳。

突然，他们听到了一阵阵轰隆隆的声响。

"火车马上要来了！"迪士尼大叫着，赶紧带着露丝躲到了路基下面。

不一会儿，一条钢铁巨龙出现在远方，很快就呼啸着从他们眼前飞驰而过，霎时间连大地都震动起来了。

迪士尼记得马丁叔叔说过，飞驰的列车是有吸引力的，他对妹妹说："快，抓住地上的草，要不然火车会把你给吸走的！"

他俩全都抓住地上的草，既紧张，又兴奋。

就这样，他们看了一列火车又一列火车经过，却总是看不够。每当列车从远方开来时，他们就紧紧抓住地上的草，好像这样能安全一些。

迪士尼带着妹妹露丝走了不久之后，妈妈就发现他们不见了。一时间，迪士尼家里乱作一团，母亲流泪，父亲束手无策，三个哥哥只是徒劳地找遍仙鹤农场的每个角落。

后来，有一位检查线路的工人踏着枕木走来了，他发现了迪士尼和露丝，感觉非常惊讶，因为他听迪士尼说他们是从仙鹤农场过来的，但是仙鹤农场距离这里还有很远的距离呢！这位工人叔叔觉得这两个小家伙真了不起！

接着，好心的工人叔叔为兄妹俩指了一条回家的近路，并且亲自送了他们一程。

迪士尼和妹妹在好心工人叔叔的劝说、带领下，直至天黑才赶回到家中。

看到孩子们的归来，母亲和父亲一颗悬着的心终于落了下来。

在艰难中生活

迪士尼开始识字是母亲教他的。但是，为了等露丝一起上学，他到7岁才开始进入学校。

迪士尼总是喜欢问一些课堂外的东西，因为他觉得那些东西比功课有趣多了，这也是他成绩不好的原因之一。迪士尼的父亲伊利亚斯脾气十分暴躁，他动不动就要发火，有时还会打孩子，全家人都怕他。

其实，伊利亚斯并不是坏人，他是一个勤劳本分的劳动者，一辈子总想过上富足美满的好日子。可是他一没资本，二不懂经营管理，所以贫穷总像影子一样跟着他。

当初伊利亚斯把家从芝加哥迁到仙鹤农场，固然是出于对孩子们教育上的考虑，但也有想在农业上投资的打算。他指望着做一个勤勤恳恳的农民，换来一份安安稳稳的生活。

来到仙鹤农场的头几年，靠着他和几个儿子的勤奋，加上老天的恩赐，迪士尼一家的生活确实有所改观。那几年，伊利亚斯的脸上有时也能见到笑容，发脾气的时候也比较少些，即便是打孩子，打得也不疼。

在生活比较安逸的日子里，或者是星期天有空闲的机会，伊利亚斯常带着迪士尼乘马车去泰勒老爹家玩。在那里，泰勒的女儿弹着钢琴，而伊利亚斯拉着小提琴，一拉就是一两个小时。那时的伊利亚斯仿佛融化在乐曲之中。

小迪士尼坐在一边的高背椅上一动不动地聆听着美妙的音乐，仿佛陶醉一般。他实在想不到严厉的父亲居然还能奏出这么好听的曲子来。

可是后来，伊利亚斯的情绪变得越来越坏了。伊利亚斯总是很严肃，甚至有点专制。因为伊利亚斯曾经屡遭失败，而要在马赛琳凭一个干旱的农场来维持一家7口人的生活比他预料的要难得多，他担心再次失败。

所以，在对待自己的两个大儿子时他未免过于严厉。幸亏总有妻子弗洛拉机智幽默的调解，才好几次阻止了儿子们的公然反抗。伊利亚斯租来了兄弟罗勃·迪士尼的田地让两个年长的儿子赫伯特和雷蒙耕种。他们俩在丰收之后赚到了175美元，就各自花了20美元买了一块带金链的手表。

伊利亚斯知道后，责骂他们过度浪费，并问他们俩怎样处置剩下的钱。赫伯特说："我们想买一头母牛和一匹小公马。"

伊利亚斯则厉声地说："不行！我买这个农场时还欠了许多钱，你们应该替我还债。"

由于父子间的意见不合，伊利亚斯和儿子们大吵了一架。

在迪士尼8岁那年，全美国苹果大丰收，迪士尼家的苹果卖不出去，投资也就收不回来。伊利亚斯的家业一下子跌到破产的边缘，他的眉头就再也无法展开了。

偏偏就在这一年的秋天,迪士尼的大哥和二哥悄悄地离家出走了。

迪士尼的大哥和二哥,一个21岁,一个20岁,早已不甘心在乡村的土地上消磨青春,加上他们感觉再也无法忍受父亲的专横,便在一天中午,赫伯特骑马去镇上银行取出了他和雷蒙种庄稼存下的一些钱。

晚饭之后,他们俩假装累了,便早早进了各自的房间。一会儿之后,他们就从窗户跑了出去,搭乘21时30分开往芝加哥的火车。大儿子和二儿子的不告而别,使伊利亚斯火冒三丈,他把一肚子的怨气全都撒在三儿子和小儿子的身上。

罗伊和迪士尼被父亲叫去。伊利亚斯厉声喝问:"你们的两个哥哥逃走,你们事先知不知道?"

罗伊是个忠厚人,便据实以告说:"爸爸,我知道。他们让我一块儿走,可是我没敢。"

伊利亚斯怒喝道:"既然你知道,为什么不早告诉我?"说着就对罗伊一阵暴打。

接着,伊利亚斯又问小儿子:"你呢?你知不知道他们两个逃跑?"

迪士尼说:"不知道。"这也是实话,因为他太小,两个哥哥的事并不同他商量。

"不说实话!你小小的年纪就学会撒谎啦!"伊利亚斯不由分说又将迪士尼一顿暴打。

从这以后,挨打的事情就逐渐多了起来。因为他们家里失去了两个主要的劳动力,伊利亚斯便不得不更多地依靠剩下的这两个儿子。

迪士尼的两个哥哥出走不久，密苏里州发生了一次大旱灾，井水都枯干了。伊利亚斯钻了一口新井，但水量也很少。等到果园里的苹果成熟时，市场价格却大大下跌。

于是他就决定把苹果存到冬天卖个好价钱。他的父亲在加拿大时曾经学过将苹果埋在一层层的稻草下面来储存的办法。于是到了冬天他的苹果仍很新鲜，一家人就沿街去卖苹果。

农场里的活是很繁重的，父子三人拼死拼活地干，但总是忙不完。对于家庭的生计，伊利亚斯甚至有些焦头烂额、穷于应付，于是，他的脾气也就越来越坏了。

罗伊和迪士尼都是按伊利亚斯的要求在农场做工挣饭钱的。伊利亚斯用体罚来迫使他们最大限度地提高生产率，他毫无顾忌地用鞭子或皮带的宽头抽打儿子，施行"教管"，这已成为两个孩子日常生活的一部分。

他常常为了一点小事，不管是真的还是自己想象出来的，就把罗伊和迪士尼赶到柴房里去施行他那残忍的体罚。

晚上，迪士尼挨打后总是躺在那儿睡不着，小声哭泣。年龄大一些、身体比较结实的罗伊比他的小弟弟要能忍受那些体罚。他会替迪士尼揉揉痛处，摇他入睡，安慰他说第二天早上会好的。

迪士尼把头埋在罗伊的臂弯里，问那个打他们的男人真是他们的父亲吗？或者只是看起来像他们父亲、只想吓唬和伤害他们的一个自私的老头？

在少有的几天不挨打的日子里，迪士尼特别盼望快点到晚上睡觉时候。因为他上床后，母亲就会用她那温柔又富有情调的声音给他讲神话故事，直至他渐渐地入睡。尽管这样的情景会使他消除疑虑，可迪士尼仍然被伊利亚斯那可怕的暴力搞得惊慌失措，他搞不懂母亲为什么不阻止父亲殴打他们。

只有靠在哥哥那使人感到安慰的胳膊上时，迪士尼才既感受到他渴望从母亲那里获得的温暖，又体会到父亲暴力的残忍。他常常是蜷缩在罗伊身边入睡，半夜又会突然惊醒，把尿撒在哥哥身上。

有时在白天，迪士尼会溜进母亲的睡房，穿上母亲的衣服，抹上母亲的化妆品，然后站在穿衣镜前欣赏自己在镜子中的形象。他清楚，这个变形的母亲虽然和真的不一样，但只要他需要，就能找到。男孩子们得不到有计划的、固定的玩耍时间。在难得没有什么杂活儿要干的时候，他们就玩一些必然会变成互相竞争的化妆游戏。他们比赛骑猪，看谁骑得好；比赛叉草，看谁叉得多；比赛掷叉，看谁投得远。

当伊利亚斯叫罗伊去帮忙干一些特别需要体力的杂活时，身材瘦小的迪士尼就觉得没有叫他去就是宽待他了。

在这种情况下，迪士尼最喜欢做的事就是画画。但由于纸和铅笔都很难搞到，迪士尼就临时想办法，通常是用一块炭在手纸上画。他所需要的就是能自由地度过一个小时，给农场里那些驯服的动物画点速写，因为他把它们看作是他唯一真正的朋友。

他特别喜欢当他躺在高高的草地上努力捕捉它们的相似点时，它们却从他身边掠过时产生的那种感受。

那个时候，已经发明了电影，虽然还是无声片，但也足以令人欣喜若狂，尤其是迪士尼这样的小孩子。由于交通便利，马赛琳镇也很快有了自己的电影院。迪士尼对马赛琳镇上刚开的一家电影院很感兴趣。

一天，恰巧伊利亚斯不在家里，迪士尼就去央告三哥罗伊。罗伊给弟弟几枚零钱,让迪士尼早去早回。迪士尼拿了钱,带着妹妹露丝兴高采烈地去看电影了。

电影院的屏幕是用床单做的,但这并未影响他们看电影的快乐心情。他们很高兴地看了《耶稣十字架》和《复活》的活动影片。

看完影片天已很晚了,两人背着书包急匆匆往家赶。而就在迪士尼走后不久伊利亚斯就回来了,他发现只有罗伊一个人在干活,早已经是火冒三丈。等迪士尼回到家,父亲正拿着板子等着他。

上次迪士尼带着妹妹露丝去看火车而侥幸没有挨打,那是因为父亲伊利亚斯的心绪尚好,但是这次却不同了,伊利亚斯正有一肚子的火气无处发泄,迪士尼正好撞在了枪口上。

伊利亚斯把迪士尼领到库房,褪下裤子,按在一条凳子上一通乱打。妹妹早已经吓得大哭了起来。

伊利亚斯打够了,又问:"你看电影哪里来的钱?"

迪士尼说是罗伊给的。伊利亚斯又找来了罗伊询问,罗伊说是自己买东西时赚的。家境这么艰难,居然有人攒下了私房钱。伊利亚斯更加恼火,便将罗伊也打了一顿。

1909年的冬天是伊利亚斯家最不幸的日子。伊利亚斯患了伤寒,不久又转为肺炎。全家的重担就落到了罗伊的肩膀上,而对于一个只有16岁的男孩来说,无疑负担太重了。

弗洛拉做的牛油本是给家里人吃的,可是由于生活的拮据,伊利亚斯不让家里人吃,而卖给邻近的居民,以换取有限的钱来维持生活。弗洛拉有时偷偷地把牛油涂在面包上,让有牛油的一面朝下递给孩子们吃。

最后,在妻子弗洛拉多次劝说下,伊利亚斯终于同意卖掉了仙鹤农场。

4年的辛苦劳动，最后换得的仍只是当年购买这座农场的价款。但是，马赛琳镇的生活却在小迪士尼心中烙下了难以磨灭的印迹，毕竟他是在这儿度过了自己的童年时光。

40年后，迪士尼曾按照当时仙鹤农场所在的马赛琳镇谷仓的样子建了一座谷仓作为摄影棚。可见，仅仅生活不到4年的马赛琳镇在迪士尼的脑海中留下的记忆是多么深刻。

一边上学一边送报

伊利亚斯年过半百，身体虚弱，农场繁重的劳动终于把他压垮了。在一场重病之后，他不得不决定卖掉仙鹤农场，而把家迁到堪萨斯市去。这一年迪士尼10岁。

迪士尼的童年岁月，在他的记忆中都是在宁静的田野和乡间小镇度过的。来到堪萨斯市之后，童年那宁静的氛围被城市的喧嚣给打破了。

迪士尼眼中看到的是宽阔的马路，马路上面是拥挤的汽车和电车。矗立在马路两边的是高高的大楼，戏院里成百上千的电灯照得通明发光。

马路上到处是叫卖声、运啤酒马车的轰隆声、在石子路上飞驶的救火车敲着的警铃声。这一切都使迪士尼觉得城市似乎日夜都静不下来。但是在一个从乡下小镇来的孩子眼中，这一切倒是很令人兴奋的。

在迪士尼后来的记忆中，这座城市只有费蒙特公园依稀存在。那儿离他家只有两条街远，是他常去玩耍的地方。当时的迪士尼觉得这个公园仿佛是一个游戏宫,有发亮的白色大楼,有美妙的音乐,还有许多令他着迷的东西。

伊利亚斯这一辈子总是不断地搬家,不断地改变职业,他总是希望能在搬家和改行之后交上好运。到堪萨斯后,伊利亚斯的身体状况决定了他再不能从事体力工作,于是他就改行卖报纸。他以3角钱一份的价钱买下了700份《时代》早报和下午及星期天出版的《星报》送报权。

家庭经营的性质改变了,但强迫儿子参与自己工作的做法却丝毫没有改变。

弗洛拉负责把男孩子们送到附近的本顿小学上学,但伊利亚斯坚持要孩子们天天去送报纸。

伊利亚斯雇用了几位报童,专门为他送报。当然,雇用报童是需要给人家开工资的,为了节省费用,他让罗伊和迪士尼也参加到报童行列里来,自己的儿子就不用给工资了。

这时罗伊18岁,已经不上学了,送报就成了他的职业。而迪士尼还是学生,他必须利用课余时间去送报纸,所以他的负担格外重。

他们每天夜里3时30分就得起床到送报车那儿领报纸。伊利亚斯要求孩子们仔细卷好每份报纸,把它投到订户的门廊里。下雨时则要把报纸放在纱门或者御寒的外门内。

每天一早,天还没亮,梦乡中的罗伊和迪士尼就被一阵猛烈的敲门声唤醒。

"起来!起来!"父亲在门外大声吆喝着。

困乏不堪的兄弟俩只能从被窝里爬出来,揉着惺忪的睡眼,高一脚低一脚地去走街串巷。

送报是一件很苦的差事。美国人有在吃早饭时看当天报纸的习惯，报童必须在人们起床之前就把报纸送到订户家的信箱里。

对于迪士尼来讲，最困难的是他总也睡不够。当他背着沉甸甸的报纸走向千家万户的时候，瞌睡就毫不客气地向他袭来。他完全是机械地走着，稀里糊涂地就把报纸送光了。这时天已大亮，他又带着瞌睡去上学。

夏日起早送报还不算怎样困难，最艰苦的日子是在冬季。堪萨斯的冬天异常寒冷，寒风刺骨，地上覆盖着厚厚的冰雪。迪士尼从小身体单薄，一路上总是摔跤。

虽然天冷可以驱逐睡意，但对迪士尼不行，他太缺少睡眠了，即便是在凛冽的北风之中，他也是瞌睡不断。可他不敢在居民住宅门前打盹，那样会把他冻僵的。

每当下雨、下雪之时，迪士尼最喜欢送最后一站的报纸，因为那里是一幢装有暖气的公寓。他可以一层一层地在走廊送报纸，在这里才觉得有了暖意。他时常还在角落里小睡一下，但每次总是一惊而醒，醒来时弄不清是不是已送完了报纸。

他害怕上学迟到，老师才不管你是什么原因，照例是要罚站，或者干脆不让进教室。

这么辛苦的工作对于一个孩子来说，已经是很不简单了。迪士尼之所以这样困乏不堪，还有另外一个因，那就是他除了送报和上学之外，还在设法挣钱。

迪士尼上学以后，一如既往地热衷于绘画，但他不能用木炭在手纸上画，那样同学们会笑话的，而且画技也难以提高。他需要有最起码的绘画用品，这些都需要钱去买。

但是，每天给父亲送报纸，并不能得到一分钱的报酬。为了挣钱，迪士尼只好在课余时间出去打工。在学校附近有一家糖果店，他每天午休到那里去干零活；还有一家药店，他每天放学去给人家送药。就这样，他有了一笔微薄的收入，而这一切都是不能让伊利亚斯知道的。

终于有一天，在一个大雪纷飞的清晨，他一不小心跌进送报路上一个被雪灌满的大坑。而且马上失去了知觉。

过了很久，迪士尼才被早起的路人发现并送回家。母亲弗洛拉抱着刚刚苏醒的儿子哭成了泪人，但父亲伊利亚斯依旧让迪士尼第二天去送报纸。

这一回，向来柔软善良的弗洛拉勇敢地站出来保护她的儿子，她冲丈夫喊道："华特怎么能跟你们比？他还是孩子。别的孩子都是只管送报纸，可他送完报纸还去念书。你还要他怎么样？你想要他的命吗？"

伊利亚斯不再说什么，转身退出屋去。身为父亲，他的心也软了。这次生病，迪士尼足足休息了4个星期，是他报童生活中唯一的一次。由于弗洛拉的精心照顾，4个星期以后他被养得又白又胖。

但是不久，迪士尼依旧每天早早地起来就去送报纸。直至晚年，迪士尼还时常梦到送报时的情形，梦到还有几家报纸没送到，在梦中还觉得惊慌恐惧。

广泛的兴趣爱好

小迪士尼在繁重的工作之外，也有自己的高兴事。在这时候迪士尼喜欢上了马戏。

市里的马戏团来时，他就会跟着马戏团穿大街走小巷，常常把跟在后面的小露丝丢在后面好远。

马戏团走后，小迪士尼又会把小露丝和邻居家的孩子召集起来。仿照马戏团的样子，将一辆大篷车改装成游行车。

迪士尼喜欢与别人开玩笑。

有一天，他家的门铃响了，弗洛拉匆匆去开门，见到的是一位衣着得体的妇人。两人在门口说了一会儿话，这时弗洛拉才发现那妇人穿的是她的衣服。母亲审视了几分钟后，大笑起来，这妇人不是别人，正是迪士尼。

迪士尼穿上母亲的衣服，戴上假发，并用了母亲的化妆品，一番改装之后，差点让弗洛拉认不出来。

由于父亲的专制和火爆的脾气，迪士尼一家常常处于阴沉沉的状态之中，只有母亲时不时地给屋中增添点快乐气氛。

然而，罗伊也无法继续忍受父亲的虐待，准备和他的两个哥哥一样逃走。他没有对迪士尼隐瞒自己要逃走的计划，只是要迪士尼严守秘密。

由于得到哥哥的信任，迪士尼很是感动，答应他决不泄露秘密。

他对罗伊说："你一走，以后父亲再打我，我连一个诉苦的地方也没有了……"

罗伊对弟弟说："你现在虽然还不能像我一样在外面闯荡，但也长大了。记着，你必须从现在起就把自己当作男子汉，学会自己料理自己的事情，懂吗？"

"把自己当作男子汉？"迪士尼苦恼地说，"咱们家只有一个男子汉，那就是咱们的父亲。"

"你错了。"罗伊说，"父亲是不能算男子汉的。他在外面一事无成，回到家拿老婆孩子撒气，这只能算是个懦夫。华特，你已经不算小了，你不能再让这个懦夫随随便便地打你了。"

"可是他要打，我有什么办法？"迪士尼无奈地说。

"你必须反抗！"罗伊说，"你要让他明白，你已经长大了，打你不再是一件容易的事。"

这天晚上，罗伊同小弟弟一直谈到深夜。预定的时间到了，罗伊穿上衣服，拿起一个简单的行囊，和迪士尼紧紧地拥抱之后，就匆匆钻进夜色之中，头也不回地走了。

哥哥罗伊出走后，迪士尼既兴奋，又难过，直至后半夜才迷迷糊糊地睡过去。

不多时，伊利亚斯就来敲门。

迪士尼按照罗伊的安排，故意惊叫起来："唉呀，不好了！罗伊不见了！"

伊利亚斯闯进门来，望着三儿子空落落的床铺一个劲儿地生气，两眼发直。他的大儿子和二儿子就是这样不告而别的，现在三儿子也如法炮制，这让他的脸上很没有光彩。重要的是：罗伊这一走，他还得额外再雇一名报童。

迪士尼原以为父亲一定会因为这件事而大发脾气，然而，让他意外的是，什么也没有发生，伊利亚斯只是深深地叹了一口气，说道："华特，没你的事，送报纸去吧……"

说来也奇怪，迪士尼以前对父亲总是怀有一种恐惧感，生怕一不小心而惹来父亲的巴掌。自打哥哥罗伊出走之后，他忽然觉得自己长大了，再也不能容忍伊利亚斯的跋扈了，虽然他对自己的力量还缺乏信心。

在罗伊出走之后的一段时间里，生活是相对平静的。虽然伊利亚斯的脾气仍然很糟，但仅限于瞪瞪眼睛、拍拍桌子，他已经很久不打迪士尼了。

由于3个儿子相继出走，这使伊利亚斯对最后的一个儿子客气了许多。

迪士尼照常送报、上学、打工，跟罗伊出走前一样。

有一天，伊利亚斯决定把住宅面积扩大一下，增建一间卧室和一间浴室，以及一间厨房。

大兴土木是男人的工作，而现在的迪士尼家只有两个男人，迪士尼责无旁贷地与父亲一道上阵了。

此时的迪士尼还只是一个大孩子，对盖房子的事一窍不通，一切都得从头学起。事实上他帮不了多少忙，许多事情都得由伊利亚斯亲自去做。

这使伊利亚斯十分恼火，工作中不断地发脾气。

这一天，伊利亚斯让迪士尼锯一块木板，但他很快发现，自己的小儿子居然根本就不会使用锯子，伊利亚斯便大喊起来："不对！木板不是这样锯的！要像我这样……"

他做了一下示范，而迪士尼还是学不会，伊利亚斯就显得很不耐烦了，扬起巴掌在小儿子的后背上打了一掌。

父亲又打人了！迪士尼猛地转回身来，两眼发出奇异的光，他有些生气地说道："你……你怎么打我？"

"我是父亲！"伊利亚斯蛮横地说。

"难道父亲就可以随意打人吗？"迪士尼不甘示弱，据理力争，"咱们这是在干活，干活应该有一个愉快的心情，可是你总这么打我，这工作还怎么做？"

"呀！你这孩子……"小儿子的公然顶撞使伊利亚斯大感意外，这样的事情是从来没有发生过的。他认为这是一次反叛，是对父亲尊严的挑战，于是他又一次扬起巴掌。

"不行！你不能打我！"迪士尼嚷着，捉住了父亲的手腕，他对自己的勇气也深感意外。

父子两人对峙着。

伊利亚斯眼中在冒火，他想挣脱手腕，可是没有成功。

迪士尼此时紧张到了极点。这是他头一回对父亲的家庭暴力进行反抗，一种与生俱来的恐惧在他的心底蠕动，他觉得自己快要坚持不下去了，马上就要松开父亲的手，落荒而逃。

然而，他还是尽平生之力坚持着。

父子两人四目相对，互相逼视着对方。时间一秒一秒地过去，迪士尼却感觉像过了一年。

终于，伊利亚斯让步了，他抽回手腕，迈着苍老的步子走出了迪士尼的房间。

望着父亲的背影,迪士尼忍不住落下了两行泪水。这里有胜利的喜悦,也有对父亲的怜悯。

工作暂时停了下来,伊利亚斯躲到自己的房子里不肯露面。

后来,迪士尼走到父亲的房间,若无其事地对他说:"爸爸,我们继续工作吧!"

从此以后,伊利亚斯再也没有打过他的小儿子。

3个儿子的相继出走,事业上的屡次失败,使得伊利亚斯很是沮丧。他的节约有时超乎寻常,他宁愿走几公里而不舍得花5分钱坐电车。

但是,与之相对的却是他常常往毫无前途的行业投资。例如,他常相信矿业方面的股票和新发明会给他带来财运,可是结果经常令人失望。不知什么时候伊利亚斯又想到了仙鹤农场的牛油,觉得这是一个赚钱的门路,于是就与马赛琳牧场订合同定时供应牛油,让弗洛拉推着小车叫卖。

小迪士尼自愿替母亲推车,可母亲坚决不让。他们经常到富裕人家的住宅区卖牛油,而迪士尼的许多同学都住在那里,这使他感到很困窘。这些事情一直深深刻在迪士尼的心里,使他一生都无法忘怀。

迪士尼把从小养成的绘画爱好,从仙鹤农场一直带到了本顿学校。随着年龄增长,他形成了一种夸张的绘画风格。尽管每天送报、打工十分劳累,但有闲暇,他就会拿出纸来画上几笔。

他画老师、画同学,也画伊利亚斯和弗洛拉,每次只寥寥数笔,便把一个人的容貌与神态惟妙惟肖地捕捉到画纸上。

在求学的日子里,迪士尼坚持绘画并逐渐显示出艺术才能。迪士尼最喜欢的是画画，但是这一方面也无法令老师满意。

有一次，老师布置作业，让大家画一盆花。但是，迪士尼的作品令老师大为生气。

原来，迪士尼把花朵画成一张孩子的脸，脸上有明亮的双眼和挂满笑容的嘴；还把叶子画成了双手，两臂向上伸展，好像是要拥抱太阳一般。

同学们看到迪士尼的画，有人开始起哄地叫道："快瞧，快瞧，这就是迪士尼画的画。"教室里一下子乱作一团。

这些素描让老师感到困惑，因为他是要学生照着实物画真花的，他简直弄不清楚迪士尼这个学生到底想的是什么。

于是，迪士尼挨了绘画老师一顿打。

还有一次做家庭作业时，迪士尼照着父亲放在家里的一本社会主义杂志临摹了几幅左翼的政治画。老师把他的作业直接交给了校长，校长就给迪士尼的父亲写了一封信，指责他把这种杂志放在家里。

迪士尼看任何事物都有着独特的见解。渐渐地，他开始喜欢漫画，最先是仿照《理性》杂志上的漫画来画。随着他不断锻炼绘画，他的技艺慢慢娴熟起来。

有一次，迪士尼去理发，在坐等的工夫，他画了一张画，上面画着来理发店里的人的各种姿态。理发店老板见了，大为欣赏，感到很有意思，并且当即把画挂在店堂里。

不仅如此，店老板还和迪士尼约定，以后迪士尼每周来画一张，可以享受免费理发。

除绘画以外，少年迪士尼还迷上了演戏。

1912年11岁时，迪士尼结交了他哥哥离家后的第一位新朋友。

有一回他去看同班同学华特，那时华特正患腮腺炎在家养病。迪士尼也得过这种病，所以他不怕被传染。这天，迪士尼走进华特的卧室并画画给他看。

两个人都对演戏深感兴趣。每天下课后两人就扮成戏剧人物"吉米·戴尔"，表演他的惊险活动。两个人很快就变得形影不离。

迪士尼逐渐成为彼费弗家的一位常客。华特同学的父亲彼费弗先生是德裔，对任何事情都很乐观。他是一位旷达而且情趣高雅的人，他总是不停地笑。

迪士尼经常到华特家做客，经常听彼费弗讲笑话、弹钢琴。当然，迪士尼有时还会提一些深奥的问题要彼费弗解答。

彼费弗也鼓励两个孩子交朋友。因为他女儿绮蒂会弹钢琴，所以他常与一家人围着琴唱歌。他喜欢在周末带他俩去看电影，迪士尼就是这样开始感受到电影和查尔斯·卓别林的艺术魅力的。

彼费弗先生很喜欢看戏，尤其是韦伯和费尔兹用荷兰方言写成的喜剧。彼费弗家的温暖和欢乐与自己家中的严肃和节俭形成了强烈的对比。因而迪士尼喜欢待在彼费弗家，他在彼费弗家的时间比待在自己家中的时间还要多。

由于这个缘故，迪士尼渐渐接触到了扣人心弦的杂耍和电影的世界。他很害怕让父亲知道自己去了戏院，于是处处小心。

迪士尼逐渐喜欢上了电影里的小流浪者，不久就失去了对"吉米·戴尔"的喜爱，改为扮演"查尔斯"了。

每次看完马戏回来，迪士尼和华特就会模仿马戏的杂耍表演和歌曲，并模仿无声电影里的逗笑镜头。彼费弗先生精心指导两个孩子如何表演。

同时，迪士尼和华特在学校里也开始表演起来。迪士尼把滑稽的衣服让同学穿上,并表演许多有趣的动作,他的《照相馆中的快乐》很受大家欢迎。

在这个剧中,迪士尼演个滑稽的摄影师,他让同学们站在照相机前摆好姿势准备好,可是到拍照的时候,他的照相机里却突然喷出一股水来,弄得同学们满脸都是。

等他从照相机拿出照片一看,同学们却发现只是迪士尼自己画的一张怪样子的卡通画片。于是,观众们大笑起来,都夸迪士尼演得很棒。

具有远大的理想

迪士尼早就想买一双长筒的上面带装饰的靴子，如果有了它，下雪、下雨天便无忧无虑了。可是他知道父亲非常节俭，所以很少要求为自己买东西。

终于在1916年的圣诞节上，在母亲的劝说下，父亲伊利亚斯买了一双靴子送给了迪士尼。这件礼物对迪士尼来说，真是雪中送炭。

第二年春天的一个下午，迪士尼刚送完《星报》。在过马路的时候，偶然看到一大块冰，他不经意地踢了一脚，但却没注意到冰块里有一根很大的钉子，结果钉子穿透了靴子，扎进了迪士尼的脚趾，他疼得大叫起来。

由于天气寒冷，他的脚就与冰冻结在了一起，当时电车的声音很大，没有人能听得见他的喊叫声。20分钟之后，一位好心的司机砍开了冰，送他去了一家诊所。

这是一家很小的诊所，已没有了麻醉剂，于是医生对迪士尼说："小弟弟，麻醉剂已经用完了，你要坚强一点，忍一会儿！"医生让两个人按住迪士尼的腿，用钳子把钉子拔了出来。

医生帮他脱靴子、治腿伤、打破伤风针时，迪士尼都咬牙挺住了，他浑身都湿透了。

由于脚伤，迪士尼在床上休息了两个星期。

在百无聊赖之际，迪士尼想到了自己的前途。因为他不喜欢专心地学习，所以排除了当医生或律师的想法。就是考上了大学，家里也不会花钱供养他。另外他对演艺业也有着浓厚的兴趣。

在他看来，没有任何事情比在观众前表演更令人愉快了。可是他对去大一些的杂耍戏院竞争又缺乏必要的信心，于是他想到了绘画。他以前在理发店和学校画的画都引得大家发笑，自那时他就很喜欢漫画。他对学校的功课并不很用功，但对堪萨斯市的儿童绘画班却尤其喜爱。

这个时候，迪士尼突然想了起来彼费弗叔叔曾经对他说的一番话："只要你自己肯成为一名画家，那你就能成为一名画家。"

迪士尼突然想到，自己从小学画，究竟要做什么呢？难道不是为了有一天成为一名画家吗？

想到此，迪士尼一下兴奋起来，以前一直模糊地想方法突然变得具体起来。他激动地捶着床板，大叫着："对！我要做一名画家，一名真正的画家。"

母亲弗洛拉急急忙忙从外面跑进来，惊慌地问："华特，你喊什么？哪儿不舒服吗？"

迪士尼赶忙说自己刚才只是做了一个梦而已。他不想让别人了解自己心中的秘密。

迪士尼躺在床上的那些日子里，享受到完全躺在床上的舒适。为了打发无聊的时光，他不停地翻看妈妈从图书馆给他借来的书、画及报纸。

迪士尼开始注意每天报纸上发表的各种漫画。等到他的脚伤痊愈可以返校时,他已打消了去当演员的念头。这时的他一心只想画出像在报上看到的漫画。

伊利亚斯在堪萨斯住了7年之后,对生活越发不满意。

分送报纸的生意并未像他预期的那样扩展下去,也很难找到合适的儿童。于是,伊利亚斯又决定重找新路。

这时伊利亚斯的身体更糟了,于是他又一次想到搬家。这一回是迁往芝加哥。迪士尼5岁时就是从那里搬出来的,迪士尼家绕了一个圈子,终于又回到原来的地方。

伊利亚斯拿出自己的全部积蓄,还加上了迪士尼的20美元,凑足了16000美元,投资给了芝加哥的俄塞尔果子冻工厂。除获取利息外,他还担任了工厂建筑部门的主管。

1917年6月,迪士尼从本顿学校毕业。

毕业后,他留在堪萨斯,帮助新的报纸生意老板,因为他熟悉送报的路线。

这时,他的长兄赫伯特已结婚,并有了一个女儿,也搬回家里来住了,而迪士尼和罗伊也留在家里。

迪士尼向圣路易斯州际新闻公司联系申请了一份暑期的工作。为了让公司接收,他将年龄15岁改成了16岁,并且在罗伊的帮助下缴了15美元的保证金。

迪士尼开始正式工作了,穿上了蓝色的哔叽呢制服,扣子金光闪闪,十分耀眼,衣领上的牌子和扣子上都有新闻公司的名字,因此他感到十分自豪。

迪士尼到公司领来了大篮子,里面装着水果、爆米花、花生米、糖果和汽水,开始了在火车上卖食品的暑期旅行。

火车是由堪萨斯开往杰弗逊市的。车上很闷热，因而汽水销路很好，但是带着汽水瓶子来回走很累赘，于是他把瓶子放在最后一节车厢里。

过了两个小时，迪士尼去末节车厢取瓶子，结果却惊异地发现车厢已不见了。后来列车长告诉他由于车上人太少，便将后面车厢取消了。这样一来，丢了空瓶子，他第一次赚的钱就全部泡汤了。

有时候迪士尼把篮子放在摊位上就离开了，再回来时就会发现不是少了糖果，就是少了香烟。更使他感到为难的是，新闻公司常给他太熟的苹果，还没等到卖出去就烂了。

迪士尼对坐火车出门远行是很感兴趣的，他坐过六七家公司的火车，去过六七个州。其中从堪萨斯市到当斯市的线路是他最喜欢跑的路线之一，火车慢慢地行驶需要6个小时，有时候还要把挡道的货车车厢推到其他铁道上去才能继续通过。

在火车上，迪士尼常穿过车厢到前面的行李车去，给看行李的人送雪茄和烟草，还到前面的司机座室去与加煤工和司机待在一起。

如果火车在某一站停靠很久，迪士尼就会下车去走走看看。

有一次，火车停靠当斯站，趁着火车调头和加煤的工夫，迪士尼下车到商店区周围逛。这引起了警察的注意，并把他当作了窃贼，叫他过去审问。

迪士尼申辩说根本没有那回事。这件事最后在火车司机的解释下才得以解决。坐了一天的火车之后，迪士尼就在铁路旅馆或其他寄宿地方住一夜，第二天便回堪萨斯市。

经过一个暑假的磨砺，迪士尼日益成熟，但是付出辛苦劳动却没赚到钱，在火车上汽水瓶不断丢失，篮中的东西时常不翼而飞，列车长又不允许他卖烂苹果，结果损失惨重。

哥哥罗伊听说迪士尼暑期工作的经历后,也劝弟弟不要再干下去了。

迪士尼考虑再三还是同意了哥哥的意见。于是他决定回到芝加哥的父母身边去过他的中学生活。

1917年秋天,迪士尼在当地的麦金利中学注册上学。

迪士尼作为芝加哥麦金利中学的一名新学生,充分展示了他的艺术天分,他把自己的一些素描和漫画交给了校报,遂被请去帮忙编辑漫画。很快他就成为校报的美术小编辑,这使他受到很大的鼓舞。

在迪士尼活泼而幽默的漫画中,反映出他急于参军的不耐烦。他的哥哥罗伊此时已经加入了海军。当他归来穿着水兵服站在迪士尼面前时,迪士尼真是羡慕得不得了。迪士尼与罗伊长得一样高,只是由于年轻还不够参军的资格。

迪士尼常常在自己的屋里画画,在没画成功以前,他是不会将画拿去给别人看的。同时他还收集笑话以用于漫画。经过整理他试着把其中最有趣的讲给父亲听。起初父亲听后一点笑容也没有,但过了两天他却一脸严肃地对迪士尼说,我想了想觉得你讲的笑话很有趣。

芝加哥有一所私立的美术学院,业余美术爱好者可以到该院的夜校进修。迪士尼觉得自己的本事还不够大,所以特别迫切地希望到美术学院去学习。但是,进美术学院是要花钱的。

迪士尼经过几番犹豫之后,决心和父亲好好谈一谈。父亲无法理解儿子为什么如此喜欢娱乐,他在为儿子担心,靠娱乐能够生存吗?任何父亲都有心疼儿子的一面。

当迪士尼参加艺术学校函授班需要学费时,父亲还是为他付了学费，但是有一个条件：迪士尼必须把赚来的钱交给家里。

迪士尼一边为一个叫作《金声》的杂志服务，一边抽时间去芝加哥艺术学院学习解剖学、写作技巧以及漫画。迪士尼的老师在当时很有威望，如《芝加哥论坛》报的漫画家加瑞·欧尔，当时也颇有几分威望。迪士尼最喜欢的漫画家是莱罗伊·戈塞特。他得到他们的允许，可以去报社看他们工作。

后来，这位莱罗伊·戈赛特教师对迪士尼影响也很大。这位先生是为《芝加哥先驱报》画漫画的，他的漫画作品具有丰富的内涵和幽默感，在他的教导下，迪士尼的绘画能力又上了一个台阶。

为了生存，也为了还父亲的钱，迪士尼不得不找工作干。

迪士尼先到父亲投资的果冻厂干了几个月，给的工资是每周7美元。主要工作就是洗瓶子、盖盖子、把苹果弄碎做果胶、装箱钉钉子等。

有一回，他留在厂里守夜，巡逻时带着左轮手枪和手电筒。他把工厂里所有的灯都打开了，这样，小偷一来就会看见他是有枪的，便不敢再靠近了。干了一阵子，迪士尼便辞职去做别的事。他来到威尔逊大道高架铁路线上当了警察，每小时可以挣到4角钱。

这个寻找新奇的少年，除了画漫画，什么也引不起他的兴趣。所以，这份警察差使，他也只干了几个月就辞掉了。

1918年的春天，迪士尼读完了高中一年级，便与一位朋友同去邮局联系暑期工作。他的朋友谎报了年龄，便得到了一份工作。而迪士尼只说自己16岁，因而没有成功。回家之后，迪士尼拿铅笔在脸上画了几条皱纹线，又穿上父亲的西装，戴上了帽子，重新去邮局应招。这次他虚报年龄已18岁，结果就找到了工作。

迪士尼的任务是分发信件，一天工作12小时至14个小时。迪士尼在这项工作中找到了兴奋点。每天他免费搭乘电车和高架铁路火车在全市奔波，去送那些速递信件。

这个工作对于一个少年来说，确实很新鲜。每天他都能发现新鲜事物。在繁忙的工作和新鲜的刺激面前，迪士尼过得很充实。

但他没丢掉自己的爱好，还是天天画漫画，没完没了地画。在绘画的同时，他又喜欢上了摄影。他用自己辛辛苦苦挣来的钱买了一架照相机。

有一天，领班问迪士尼会不会开车，迪士尼以前曾在堪萨斯市开过有两个汽缸的汽车，便回答说会开。这样，他就被派去开一辆有4个前进挡和4个倒挡的卡车，在市区内送信。迪士尼以前只会一点开车技术，此时便在芝加哥的马路上横冲直撞起来。

但是，因为他聪明肯学，等他送完了信回来的时候，他就很熟悉这辆车了。

每个星期天，他都要先坐电车去格兰德大道终点的码头取信，周末度假的人们喜欢给家里人邮寄明信片，取完信再乘电车回邮局。在速递局工作期间，他乘够了火车和电车，开过卡车，还赶过一段时间的马车。

有一次，他去马棚牵出马来，套上缰绳，挂上邮车然后到市中心各个旅馆前面的邮筒取信。领班对他说："只要你跟着这匹马，你就迷不了路，它会带你去每一个邮筒，甚至你可以不动一下缰绳。"

对迪士尼来说，想动缰绳倒还挺困难呢！汽车从马车旁边快速地驶过时，那匹马知道应该怎么让开。在过罗斯街大桥的时候，桥正好吊起来让下面的船通过，而马碰到了铁链便自动停了下来，等桥完全放下来后，它就继续前进。

有了那匹马，迪士尼根本不需要路线图，它会自觉地在每一个邮筒前停下来，待迪士尼下车取信并放回车厢关门之后，马就开始前进。

一开始迪士尼还需要跑着追上马车，踩着车轴坐上去，后来摸清了马前进的规律时，就再也不用去追，而是上车前轻轻地关上车门，爬上去后再说："走吧！"

经过实践，他弄清了关门声就是马前进的信号。

这使迪士尼很省心，也有了大量的精力去构思他的漫画。在繁忙的工作期间，他仍不忘娱乐。在脱离父亲和学校的管束之后，迪士尼活跃快乐的天性得到更充分的发挥。

这种办法真是太妙了，但是在市中心高架铁路圆环的一家旅馆却出了问题。迪士尼下车后去旅馆大厅里取信，出来时却发现马和马车都不见了。

马车上装了一车的信，如果丢失了，那迪士尼的责任可就大了。他惊慌失措地跑到街头街尾，却都没有看见马的踪影。

正当他垂头丧气地回到旅馆门口，猛一抬头竟发现马车在另一条街上。原来这匹马早已习惯在赶车人下车后就绕到另一条街去，等赶车人取信之后就直接穿过旅馆去找它。这样倒是节省了一些时间，但却把迪士尼吓得出了一身冷汗。

1918年的夏天，可以说是迪士尼一生以来觉得最惬意的一段日子了。他在邮局工作的时间很长，但活又不累，而且可以在外面到处跑一跑。到了晚上，他就请同在麦金利中学的女孩子去看电影或杂耍表演。

另一个使迪士尼感到高兴的原因，是他可以有钱买自己喜爱的东西了。那时，他曾考虑是用这些钱来买台摄影机还是买只独木船。

迪士尼的女友让他买独木船，但是他思考再三还是买了摄影机。在一条巷子里，他支起了摄影机，并拍下了他模仿幽默大师卓别林的镜头。

同时又为了讨好女朋友，迪士尼又合计与另一个男同学合买一只便宜的独木船。这样一来，他就可以带着他的女友一起去郊游了。

但因为那艘独木船非常小而且不容易操纵，以致他与女友在一个有风的星期天划船时，都翻进了水中。这让迪士尼尴尬不已。

虚报年龄去参军

1917年美国参加了第一次世界大战。

1918年夏末,盟军在第二次马恩河战役中阻止了德军的进攻,开始进入全面反攻。

此时,在海军服役的罗伊已被调到南卡罗来纳州的查尔斯顿市,并派他执行纽约与法国之间的航行任务。哥哥雷蒙则加入了陆军。

迪士尼再也忍耐不住了,急着要去当兵。他对他的父母说道:"我不想让我的子孙质问我:'你为什么没有去参加战斗?你是不是怕打仗?你是个孬种吧?'"

迪士尼再也不想在学校待下去了,他很想去体验一下战争的刺激。罗素·马斯是他的好朋友,也在邮局做过事,他们俩有着共同的想法,那就是去北方的加拿大从军,因为在那儿可以接收较年轻的新兵。

但是,他们的母亲都没有同意。

有一天,罗素兴奋地来到邮局对迪士尼说:"现在要成立一个美国救护车部队，你和我都可以参加。这个志愿单位，属于美国红十字会。他们需要一批驾驶员，而且对年龄也没有限制。为什么我们不去试试呢？"

中午，他们俩就来到了红十字会，这里只招17岁以上的驾驶员，于是他们俩就虚报了年龄，并自称是圣约翰兄弟。而那时他们还只有16岁。

他们报了名，但是在申请护照时却犯了难，因为必须要父母签字才行。迪士尼只好把这件事告诉了父母。伊利亚斯听后说："我决不会签名同意。这等于是给自己的儿子开死亡证明书。"

弗洛拉不想让迪士尼也像3个大儿子一样偷偷离开家，于是说："这孩儿已经下定了决心，阻拦没用。我认为替他签名，还可以知道他在什么地方，总比不知道他的下落要强许多。"

这样，弗洛拉就在护照申请上代签了伊利亚斯的名字。迪士尼也把出生年改成了1900年。他与罗素回到红十字会以本名申请，并获得了护照。

之后，他们穿上刚领的制服，来到芝加哥大学附近的营房报到。接着，红十字会就请来了黄色计程车公司的技工，教他们修理汽车，并训练他们在不平坦的地形上开车。

不久，流行性感冒侵袭了芝加哥，迪士尼病得非常厉害。救护车的驾驶员只好劝迪士尼搬回家去养病。在家里，迪士尼烧得很厉害，神志不清地说一些胡话，弗洛拉就日夜照顾他，并给他吃大量的退烧药。他的房间里没有暖气，就睡在了父母的卧室里。

妹妹露丝也病了，她睡在厨房的炉子旁边，这样暖和点。弗洛拉后来也病了,但她还是精心地照顾两个孩子。

那次流行性感冒引起了许多芝加哥人的死亡,但是迪士尼和露丝都很幸运,他们的高烧退掉了,逃脱了死神的魔掌。迪士尼病愈后逐渐恢复了体力,回到救护车队后,才发现他的单位以及罗素都已搭船去了国外。于是,他又被派到康涅狄格州桑德滩的一个新单位,等船去法国。

1918年的11月8日,欧战结束了,盟军获得了胜利,全国上下一片欢腾。但是,在桑德滩的红十字会队员们却感到十分矛盾,他们参加志愿的理由已经不存在了,往后他们面对的只是在和平时期做一名驾驶员了。

他们自称为失业部队,营房的军官仍把他们当作刚入伍的新兵看待,这引起他们极大的不满。所有的队员们都很想家,迪士尼也开始怀念他母亲做的可口饭菜,并一直很想念他的女友。临行前,女友曾答应过他等他回家时就嫁给他。

一天清晨,大家还没醒,突然营房里灯光大亮,接着便听到有人大声地叫:"都起来!都起来!有50个人要立即到法国去!"

迪士尼被邻床的同伴推醒,并告诉了他刚才的消息,迪士尼半睁着眼睛,懒懒地说:"不会选上我的。"说完就又躺下了。

然而读到的第五十个名字恰好就是华特·迪士尼。他的同伴再次推醒他。

一个小时之后,他就已经踏上了开往胡布肯的火车了,当天晚上,也就是11月18日的晚上,就登上了一艘老旧而且已生锈的运牛船"法宾号",起锚向法国开去。

这是迪士尼第一次坐船横越大西洋。他的兴奋是可以想象的,他们早已经把对红十字会救护队的失望抛在了脑后。这艘船满载着弹药，虽然他们不再害怕德国的潜水艇，但是这艘船所经过的水域都是曾布过雷的。迪士尼胆很大，他就睡在了弹药仓上面的甲板上。

这艘船快到法国的时候，有好几艘扫雷舰开到了"法宾号"的两旁，以保证他们通过最危险的英吉利海峡。队员们都跑到了甲板上看扫雷舰。

善良敦厚的品性

1918年12月4日,船抵达哈佛尔。

迪士尼跟着大家一起下了船,这些从美国中西部来的年轻人,对于码头旁的一切都感到新奇。他们在大街拐角外看到了一处厕所,却怎么也不敢进去,直至逛了一天的大街后,有人实在忍不住了才带头冲进去,其他的人也都进去了。

他们乘火车到巴黎去。透过玻璃窗,迪士尼第一次看到了法国乡间的景色,看到高高的灌木树篱和白杨树丛将一个一个的小村庄分隔开来。

迪士尼在巴黎市区只是匆匆地看了一眼就匆匆赶到圣西尔报到。尽管迪士尼有美妙的梦想,但在以后的几周里,他实际上并没多少事做。迪士尼给长官们当司机,开车送军官们跑遍了法兰西,还穿过了被德国占领的莱茵河流域,为战地医院送食品,有时也驾驶救护车。

唯一快乐的事还是刚来的12月5日,那天是他的生日。下午三四点钟,迪士尼去福利社找一位朋友,朋友说:"走吧!上酒店,我请你喝酒。"

他们去了附近一家酒店,里面空空荡荡,他俩便关上门。这时他的朋友们纷纷从桌布下面、柜台后面一齐钻了出来并大笑大叫:"迪士尼,生日快乐!"

然后大家跑到柜台前点了各式各样的酒,并与迪士尼一起痛饮起来。酒足饭饱,迪士尼便一个人去付账,他掏出所有的钱,却仍差30法郎。他迫不得已卖了一双有红十字会标志的鞋,才凑够了酒饭钱。

不久,迪士尼从圣西尔调到了巴黎的第五后方急救医院。刚去医院时,他开5吨大卡车和由救护车改装的小车。后来,他被派到汽车集用场为军官开车,很快他就把巴黎的大街小巷弄熟了。

有一次,迪士尼受命执行任务。他领到的任务是给萨桑地区运送大豆和白糖,那里的人们正在挨饿。按照规定,随车同行的还应有一位助手。迪士尼选中了一个脸上长满雀斑、样子傻乎乎的小伙子。迪士尼心想,自己与人相处总是上当,还是找一个老实本分、没多少心计的人好。

怀特型卡车在崎岖的乡间土路上颠簸。

一路上,那位助手只顾打瞌睡,所以两人几乎没有什么交流。迪士尼乐意自己想事,可正在他胡思乱想时,汽车引擎忽然发出一阵刺耳的噪声。

迪士尼下车检查一番,也没查出什么毛病,只好继续往前开。可是噪声越来越大,连车身也震动起来。迪士尼正无计可施,只觉得车子猛地颤动一下之后,引擎彻底不转了。

没有办法,迪士尼只好拿着工具设法修理。当时正是早春二月,天气奇冷。他在车子底下钻进钻出,手指冻僵了,弄得满脸都是油垢，而那位助手什么忙也帮不上，只是坐在驾驶棚里抱怨天气。

迪士尼火了，冲他喊道："你下来！"

助手不大情愿地下了车，说道："叫我下车有什么用？汽车上的事我一点儿也不懂。"

迪士尼强压火气，说道："不是让你修车，我是让你回巴黎去一趟，就说汽车抛锚了，让家里赶紧派人来。"

助手说："这种事，你为什么不去？"

迪士尼说："我是司机，按照红十字会的规定，司机在任何情况下都不准离开汽车。你是助手，助手必须服从司机的命令。你懂了吗？"

助手嘟囔着，背上他的行军包，懒洋洋地踏上归程。他将到附近的一个小站，去上通往巴黎的火车。

迪士尼心里骂道："我怎么找来这么一个宝贝！"

迪士尼在驾驶棚里坐了几个小时，手脚都冻得麻木了。他算计此刻巴黎方面应当已经得到消息，到天黑时就能见到救援的人了。可是等到天完全黑下来，还是没见到人影。他冷得不行，下了车又蹦又跳，可还是抵御不住寒冷。

到了后半夜，他实在熬不住了，心想："我必须采取点儿措施，不然我会冻死在这里的。"

在不远处，有一间看管铁路道口的值班房。迪士尼敲开房门，请求值班老头儿允许他进屋暖和暖和。好心的老头儿答应了。仅有4平方米的值班房里有一只小火炉，寒冷的问题是解决了，可是两个人挤在一起却无法睡觉。

迪士尼拿出军用食品——面包、奶酪、巧克力和牛肉罐头，请老头儿一道吃。两人就这样挤了一夜。

第二天，还是不见巴黎来人，迪士尼又在那间小房里过了一宿。可是军用食品早已吃光，他只好吃些老头儿带来的马铃薯。

到了第三天，救援人员仍不到来，迪士尼又困又饿，实在坚持不住，便跑到附近的小镇上，找了一家小旅馆，胡乱吃了些饭，然后倒头便睡。

这一觉直睡得昏天黑地，等他醒来，已是第四天的傍晚。他想起那辆怀特型卡车，急忙跑回去一看，哪里还有汽车的影子！迪士尼目瞪口呆，仿佛连呼吸都停止了。

汽车司机弄丢了汽车，这不仅仅是天大的笑话，而且将为军法所不容。迪士尼知道自己是闯大祸了。他只好也改乘火车返回巴黎。

回到军营一看，那辆汽车正在院里停着，车上的物资也完好无损。迪士尼喜出望外。原来，他的那位助手在返程的路上喝醉了酒，两天之后才把汽车抛锚的事报告上去。当救援人员赶到现场时，迪士尼恰好不在，救援人员便把车子拖了回来。迪士尼正要去找助手算账，值班军官先找他算账来了。

"华特，你知道你都做了些什么吗？"值班军官吼道，"玩忽职守，遗弃车辆，这是要军法从事的！我们将要起诉你，军事法庭将会作出公正判决的！"

迪士尼懊丧到了极点，他回到宿舍，一头倒在床上，连饭也没去吃。他想不明白，怎么受惩罚的竟会是自己？这件事满军营都知道了，大家都来看望他，宽慰他。

有一位战地医院的士官——以前迪士尼曾给过他几幅画——此刻格外愤怒，连声叫道："处分华特是不公平的！我要到法庭上为他辩护！"

法庭开庭那天，这位士官以辩护人身份出席。他的辩护词经过充分准备,说得理直气壮,连法官都为之动容。

"这位年轻人是无辜的。"他站在迪士尼身边,据理力争,"他守着他的汽车整整两天两夜,又困又乏,他已经尽了他的最大努力。我们没有理由责怪一个得不到任何援助的人。也许华特不是英雄,但他也绝不是懦夫!"

最终法庭判决,迪士尼无罪,而那位不负责任的助手却被判处监禁。

战争已经结束,再没有硝烟与炮火,军旅生活变得琐碎而单调,这使迪士尼很快就感到乏味和无聊。军官们住的地方是美军的汽车集中停车场,这是一个戒备森严的大院,各部门的车都集中在这里,为的是便于管理。

这里除了有军官们的公寓外,还关押着战争中俘获的一批德国士兵。因为战争已经结束了,所以对俘虏的管束并不是很严,但他们不能随便离开院。

其中,第二骑兵连有一个叫鲁伯特的德国兵,好像特别愿意和迪士尼打交道。这是因为迪士尼不像某些美国大兵总有一种征服者的优越感,年仅17岁的迪士尼却显得平易近人多了。

由于战俘不准上街,想出去买东西是不可能的,所以鲁伯特总是请求迪士尼帮助购物,司机出门的机会当然是很多的。迪士尼帮了他几回忙,但很快就得到上级的警告,因为这是不被允许的。于是迪士尼就不再多管闲事了。

鲁伯特总是在军官们洗澡时来找迪士尼,让他给军官们去买东西,一般都是香烟、罐头、口香糖之类。既然是军官们的需要,迪士尼从来不讲二话,很快就把东西买回来,交到鲁伯特手中。

但是,迪士尼不久发现,其实鲁伯特总是在骗他去买东西。

有一回，鲁伯特跑来说女军官艾丽丝·贺薇尔要买酒和罐头，让迪士尼快去快回。迪士尼当时就觉得很奇怪，因为艾丽丝好像是不喝酒的，而且买的数量那么多，这不能不令人生疑。但迪士尼还是照办了。

东西买来后，迪士尼表示要亲自把东西交到艾丽丝的手中，而鲁伯特又坚决不肯。大约半个小时后，迪士尼看见艾丽丝在院里散步。一切迹象表明，鲁伯特是在撒谎。

后来，迪士尼在浴室旁边的储藏室里找到了鲁伯特，他正和一群德国兵在聚餐，席面上的酒和罐头正是迪士尼刚买来的。

迪士尼大叫一声："鲁伯特，你给我出来！"

德国战俘全都惊呆了。按照有关条例，为防备战俘闹事，酗酒是被严格禁止的。他们的行为，最轻也得关禁闭。

鲁伯特走出房来，一副谦卑的样子，连忙向迪士尼求情。

迪士尼往屋里看了看，只见那些喝酒的战俘们正眼巴巴地瞅着他俩，眼神中既有恐惧，也有期待。他忽然心软了，觉得这群德国兵也实在可怜，便什么也没说，扭头走开了。

几天以后，迪士尼奉命去送一批战后剩余物资，并允许他选一名德国战俘随车负责装卸。也不知为什么，他居然在一大群战俘中选中了鲁伯特。鲁伯特随他走出队列时，亲切地拍了拍迪士尼的肩膀。迪士尼不喜欢他这种举动，使劲地把他推开。

鲁伯特却是笑着说道："别做出这种凶样子，以为我会怕你。其实你是一个善良的人，所以你凶不起来。"

鲁伯特看了看迪士尼有些气愤的表情，轻松地笑起来，说道："只有善良的人才最容易受人欺骗，而骗人的人也总是找善良的人下手。你还太年轻，大概没有骗过人吧！其实我不是坏人。我虽然骗过你，说来也是事出有因，而且除了让你多跑了几步路，我并没有让你吃亏。说句实在话，我很喜欢和善良的人做朋友。"

后来他们真的成了朋友。在以后有出车任务时，迪士尼总是设法带上鲁伯特。

有一次，一群对德国战俘怀有敌意的法国小孩向鲁伯特发起攻击，他们两人合伙把那群孩子赶跑了。他们的友谊一直持续到鲁伯特被遣返回国。

军人生涯的终结

战争结束后的几个月里,美国人陆陆续续离开了法国,红十字会的汽车集用场也就没有什么事可做了。

迪士尼后来被派到南希市附近的一个叫牛角堵的地方,在当地的福利社工作。因为没有什么工作可做,他便拿出了纸和铅笔画起漫画来。

迪士尼把所作的漫画邮给美国最具幽默性的《生活》和《鉴赏家》两家杂志,但是都被委婉的措辞退回了。迪士尼又给他所就读过的中学写信,并且将自画像寄了去,还画了他对所见到的军人和战俘的印象。他给福利社写海报,还在救护车的帆布棚上画了一个美女。

有一次,迪士尼借来了一枚法国军官的十字勋章,并在自己的夹克上画了一个同样的勋章,福利社的人认为这挺好看,便请迪士尼也帮他们在夹克上画,这使得他在福利社很受欢迎。

一次,迪士尼开车出去执行任务,路过一个市场,忽然眼睛一亮,他看见路边有一个乡下人在卖狗。那是一窝刚刚出生的小狼犬,在一个纸盒子里挤作一团。迪士尼喜爱小动物的天性又萌发了，急忙跳下车，选了一只黑灰色的小狗。

迪士尼把小狗带回军营，给它好好洗了一个澡，还把糖加在牛奶里喂给它吃。

小狗吃完牛奶，好像意犹未尽，伸出舌头舔迪士尼的手，把他的手心舔得痒痒的。迪士尼打心眼里喜欢这个小家伙。

迪士尼不由又想起仙鹤农场的那些小动物。迪士尼给这只狗起名叫"凯里"。凯里是当时美国的著名漫画家，是迪士尼的心中偶像，所以就用他的名字给狗命名了。

迪士尼开始训练凯里，给它听《星条旗之歌》和《马塞曲》，让它学会在音乐奏响时用后腿站立起来，前左爪上扬，仿佛行礼一般。狗毕竟比猪聪明，训练凯里比当年训练波克容易多了。

迪士尼还让凯里熟悉了军号声。每天早晨起床号一响，它就会跳到床上，冲着迪士尼的耳朵"汪汪"不已。当主人起床之后，它就将主人的衣帽用嘴叼过来。

凯里敬重自己的主人，睡在主人的脚旁，谨防敌人或他人侵犯主人。它喜欢戴上主人的军帽，并会表演许多特技。迪士尼喜欢在凯里玩得高兴时画它，他把许多素描画都寄给了母亲。弗洛拉最喜欢的一张速写是凯里调皮地从她儿子的行军包里探出头来。

迪士尼绘画的本领吸引了整个军营的注意。士兵们纷纷前来讨画，他们把迪士尼为凯里作的素描要去，张贴到床头。后来，一些想家的士兵又请迪士尼为自己画肖像画，然后寄给家乡的亲人。

迪士尼非常乐意为大家服务，这样一来，他在不知不觉中画了不少的肖像画。

迪士尼的这些漫画引起了一个乡音很重的伙伴的注意，部队里的其他人都把这个人叫"穷小子"。穷小子则总是盘算着能发点财。他了解到回美国的士兵都喜欢带点战利品回去，特别是那些没有实际作过战的人。

于是，穷小子弄来一批德国士兵的钢盔，这在当时是很容易弄到的，然后由迪士尼用快干漆在上面画上伪装迷彩和各种标志，再涂上泥巴，用枪打出弹孔，在弹孔周围黏一些头发，弄得好像是在战场上捡来的。

经过伪造后的钢盔身价百倍，当作战争纪念品出售，往往可以卖上好价钱。

每卖掉一个经过伪造的钢盔，迪士尼可以从穷小子那里得到半个法郎。这样，到迪士尼从军营回去的时候，已经有了几百法郎的积蓄。

迪士尼把一个月的52块钱工资加上所赚的钱的一半寄给了他母亲，并且让母亲替妹妹露丝买只手表。

后来，牛角福利社被解散了，迪士尼也调回了巴黎。

这次见到的巴黎已经有所改变，再也看不到穿制服的大兵了，巴黎人也恢复了以前的生活节奏和态度。在圣西尔的救护车部队也不复存在了，那里的朋友也都回了美国。

但是，令迪士尼高兴的是，他在这里遇到了以前一同加入红十字会的罗素·马斯。

他们在一起喝着咖啡和酒，谈着家乡的事。

迪士尼热情地询问罗素·马斯："你接下来有什么打算？"

罗素·马斯说："我想要造一只木筏，从密西西比河上游向大海漂流，然后这样漂回家乡……"

可是迪士尼现在还不能离开这里，他给了罗素75美元，请罗素把自己的狼犬凯里先带回家去。

罗素非常高兴地接受了迪士尼的请求，并保证会把凯里好好地送达芝加哥。可谁知道，这只可怜的小狼犬由于罗素的疏忽，后来居然死于了一场意外。

和罗素分手前，迪士尼又专门和他一起到照相馆照了几张照片，以便寄给朋友和亲人。

1919年9月3日，许多的美国单位也陆续地回国。美国的救护车队也终于解散了，还没走的队员们便到马赛去等船。

当时，马赛港的码头工人正在罢工，迪士尼这时有幸在著名的避寒胜地里维那拉的旅馆住了一段时间，过着豪华的生活。

罢工一结束，迪士尼便登上了回国的轮船，从此开始了他一生的事业。

创办自己的公司

当伊利亚斯和弗洛拉看到他们的小儿子时,不禁对他的改变感到惊奇。他宽宽的肩膀,不仅变得魁梧而且也显得成熟了许多。

从外表上看也很老成,但迪士尼还是像小孩子一样喜欢恶作剧。他拿出一个盒子给母亲看,说里面装着一件他从战场上带回来的纪念品。

当他打开盒子的时候,他的老母亲吓得直往后退,只见盒子里装的是一个人的大拇指。原来是迪士尼的恶作剧,他把拇指涂上碘酒,从盒子后面塞到盒子里面。

当天吃过晚饭后,父子两人在炉火前坐了下来,一边吸烟一边谈天。

从欧洲回来后要再回到中学去读书,那是不可能的了。伊利亚斯想让儿子到果冻厂工作,每周可拿25美元的报酬,这在当时许多从战场上回来的人还找不到工作的情况下已是很不错的机会了。但使伊利亚斯吃惊的是,迪士尼有礼貌又很坚决地回绝了。

"那么你想要干什么呢?"父亲问他。

"我要做一名画家。"迪士尼答道。

"要当一个画家？那你怎么过活？"伊利亚斯追问道。

"我也不知道。"迪士尼不得不承认这一点。

为了缓和气氛，母亲弗洛拉问起小狗凯里，因为迪士尼来信说已托人把狗带回来了，而家里至今也没见到那只狗。迪士尼只好实话实说：凯里已经死了。

迪士尼决定回堪萨斯市去，因为他不喜欢芝加哥，他觉得这儿太嘈杂、太脏乱、太丑陋了。

罗伊是在1919年2月离开海军到堪萨斯市去的。迪士尼要回去看他儿时的朋友，而且他相信堪萨斯市的《星报》会雇用他做政治漫画的编辑。

迪士尼不顾父亲的反对，把所有的东西以及红十字会的制服打了包，搭上火车就向堪萨斯市去了。

在堪萨斯市，迪士尼和哥哥罗伊重逢，两人都很激动，因为分别的太久两人都有无尽的心里话要向对方诉说。两人谈起了慈祥温柔的母亲弗洛拉，谈起了过于严厉的父亲伊利亚斯，还谈起了他们一直都念念不忘的仙鹤农场。

这时，罗伊在堪萨斯市第一国家银行做出纳员，每月有90美元的薪水。他希望能早些晋级加薪，以便和艾迪娜·法兰西斯结婚。

在哥哥的帮助下，迪士尼安定下来之后，便开始寻找既能绘画又能谋生的工作。

当罗伊得知弟弟想当一个漫画家后，就抽出时间陪迪士尼去堪萨斯市《明星报》报社，他俩以前都曾在那里当过送报童。来到报社，但报社说他们根本不缺漫画家。

当迪士尼获悉一家报社要招一名绘画助手的消息后，就赶紧前去应试。为了使自己看起来显得更成熟些,迪士尼穿上了那套红十字会制服。他这一着太灵验了,主持人反而说他年龄太大。

迪士尼赶忙辩解说自己只有18岁,但主持人对他的辩解根本不理睬,主持人看到他的简历上记载他曾在红十字会当过司机,就建议他到运输部申请工作,但迪士尼干脆地回答说:"我要当漫画家,不要当司机!"

而后,他又把自己的作品拿到堪萨斯市的《日志报》去碰碰运气,虽然很受赏识,但也因没有空缺而只能作罢。

一次次的碰壁使得迪士尼精神沮丧。后来还是罗伊使他振作起来的,因为罗伊听普雷斯曼·鲁宾公司的一位老板说该公司缺一个画家。

鲁宾公司是市里一家新开的广告公司,罗伊在银行里为该公司办理业务。

迪士尼的真诚和热情打动了两位画家老板,他们仍要他拿个样品来看看,迪士尼就把自己画的那幅巴黎街景拿给他们看。他们要他第二天就来上班,薪水以后再议。迪士尼负责为农场农具和供应品公司设计广告和信笺上面的草图。他的第一项工作就是为一家饲料公司设计广告。

迪士尼设计了这样一个版面,他画了一只母鸡伏在窝里,窝里窝外都是鸡蛋,大大的鸡蛋上画着耀眼的美元符号。

迪士尼非常希望自己的表现能让两位老板满意。其中老板之一的俾斯麦负责为纽曼戏院每周的节目预告设计封面草图,他让迪士尼把封面进一步完成。

这件工作一般人做通常需要一天的时间,可迪士尼只用3个小时就完成了,而且还加上了自己的构想。公司的另一位艺徒乌布·

伊沃克斯是荷兰移民的后裔，迪士尼跟他年龄相仿，只是乌布更显得腼腆。乌布也像迪士尼一样中学没毕业就离开了学校，共同的经历使两个人成了好朋友。

当时乌布已是一个娴熟的高效率绘画快手，谙熟广告的窍门，他毫无保留地把他学到的绘画技巧中的专业技能做给迪士尼看。迪士尼的指导老师俾斯麦了解大部分青年画家都不喜欢人家的批评，但迪士尼却不一样。

一天，迪士尼在为一家食盐公司设计广告，画面上是一头牛在舔着盐块。俾斯麦站在后面看了一会儿，伸手擦掉了一些线条，又加上了另外一些线条。对此迪士尼并没有丝毫的反感，反而为能得到老师的指点而感到高兴。

过了一周后，两位画家告诉他每月有50美元的薪金。

"好啊！"迪士尼口里应道，却连头也没抬一下。当他回去告诉罗伊时，他坦白地说即使只给他一半的薪水，他也会接着干的。迪士尼非常希望自己的表现能让两位老板满意，他尽力帮老板设计出一些新颖诱人的构想来。

但是，不久之后迪士尼却被公司莫名其妙地辞退了。迪士尼并不为此而难过，他自信现在已经可以做商业美工以维持生计了。同时为了积攒一些现钱，迪士尼又像从前没钱时那样，到市中心邮局找了一个投送圣诞节邮件的临时工作。

当迪士尼背着沉重的邮包踏遍市区的大街小巷，最后回到家门口时才发现乌布垂头丧气地在门外台阶上等他。乌布也被辞退了，这对他来说可是一大灾难。

原来乌布的父亲是个酒鬼，母亲卧病在床，家中还有几个年幼的弟弟。他们全靠乌布每周挣来的15美元交房租以勉强糊口，一旦没了他这份周薪，全家就有到街头挨饿的危险。

迪士尼和乌布都不愿放弃自己心爱的事业，两人商量着自己开业。迪士尼为了寻找其他的业务，就去拜访他以前的邻居艾尔·卡德。

迪士尼保证，如果给他们机会，他俩可在城中每处用餐之处画上具有同样魅力的画，而主编则可独家用他们的插图卖出广告。这位主编答应一周付给他俩10美元，并在他们小报社里免费提供一间画室。

其实，那也无非是办公室后面原来的一间多余的厕所，除了一个水池和抽水马桶外一无所有，但迪士尼一点儿也不觉得难堪。他考虑良久，决定打电报向母亲要自己存的钱，请她立即给他电汇500美元来。

但是，因为父亲的阻挠，母亲只给迪士尼寄了250美元。迪士尼用这点钱买了书桌、画架、画板和喷枪。

很快，伊沃克斯·迪士尼公司就开始挂牌营业了。新公司办理绘制普通画、美术字和漫画创作业务。迪士尼明白当务之急是赶快寻找新客户。由于乌布没有推销才能，于是这项任务就落到了迪士尼身上。

为了能多联系上业务，迪士尼的足迹踏遍了印刷厂、戏院、商店以及石油公司。

迪士尼到底是在堪萨斯市生活多年，有着广泛的社会关系，他使出全身解数，总算拉来几笔小生意。

他们的第一个客户是一个印刷公司，这家公司寄给他们一份石油公司的推销说明书，要求他们为此设计版面。石油公司的目的是吸引投资者的钱。善于想象的迪士尼负责设计，乌布负责作画。

他们的画是一口油井中喷发的20元一张的美钞正如雨点般纷纷落下。

这张画新颖别致，印刷厂和推销者都十分满意。功夫不负有心人，到第一个月营业结束之时，两个合伙人净赚了135美元，虽说不算太多，但也比原来在公司做艺徒时所得要多得多。

这对两个年轻人来说是一个不小的鼓励。

迪士尼和乌布激动地拥抱在一起，开始筹划起他们的未来。

开始接触电影

很快，他们又在火车站附近租了一所街面营业所。

随着事业的发展，乌布家的境况也迅速好转起来。但是广告公司仅仅维持了一个月。

1920年1月29日，乌布在报纸上见到一则广告，市幻灯片公司征求卡通画家。两人商量了半天，乌布认为迪士尼应去应聘，这份工作对迪士尼来说是再合适不过的了。于是，迪士尼去会见了那家公司的负责人维恩·卡格。卡格对他的漫画很满意，答应每周给他40美元薪水。

迪士尼当然很兴奋，但他希望只做半天工作，以便继续和乌布经营他们的广告公司。而卡格却坚持要他全天上班，已经没有再回旋的余地了。

迪士尼只得回去同乌布商量，乌布认为这是不可多得的好机会，竭力劝说迪士尼接受这份工作。

"公司的事，我一个人做得了。"乌布让迪士尼放心。

但乌布不大擅长做生意，因而公司的业务量逐日下降。1920年

3月，迪士尼说服了卡格，乌布也成了幻灯片公司的一名职员。于是伊沃克斯·迪士尼公司只好关门了。

堪萨斯市幻灯片公司不久后改名为堪萨斯市电影广告公司。那儿的一切都使迪士尼着迷，他这份工作称心极了，以致后来《日志报》打电话来要他去做漫画师，他毫不犹豫便拒绝了这个邀请。

电影广告公司的业务就是利用电影来做广告，它拍摄的广告短片有相当一部分是用动画制作的，一般只作为电影院正片前的加映。

这种卡通影片非常原始，制作的过程也很简单，但各部门对于自己所制作的东西都非常保密，不愿告诉别人。

迪士尼对这非常好奇，他想搞清楚这种卡通究竟是怎样制成的。他就和摄影师吉米·罗维尔交朋友，吉米告诉他怎样把不动的图片拍摄下来而使人产生动的幻觉。

不久吉米就让迪士尼自己操纵摄影机。

为了弄清其中的奥秘，迪士尼在堪萨斯市公共图书馆找到了两本书。一本书是卡尔·路斯写的，介绍了卡通影片制片的基本原则。对于迪士尼来说，这本书实在是太简单了。

还有一本书是爱德华·毛布奇所著，书中探讨了人和动物动作的有关问题。迪士尼仔细研究了毛布奇所摄的马匹和运动员在运动时的照片，然后又把这些照片影印出来。照片放在办公桌上，作为自己绘画的指导。

老板认为他画的卡通更具有真实性，决定采纳迪士尼的新方法，于是他和乌布就开始为这家电影广告公司绘制这种卡通。

迪士尼创作的广告大都是活泼、幽默，又含义深刻，言简意赅。

他的创新精神使他在电影广告公司脱颖而出，并且很快补偿了他在绘画技巧方面的不足。

为了做一项试验，迪士尼向卡格借了一架慢照摄影机。这架摄影机是公司的，一次可以照一张慢照。而后，他又请罗伊帮忙，把家里的停车间布置成摄影棚。

从此，迪士尼用白炽灯做试验，每天工作到凌晨，直至他的画被拍成最佳影片。经过艰辛的努力，迪士尼的第一部动画片就这样在罗伊的眼皮底下拍成了。

终于有一天，弟弟迫不及待地对他说："罗伊，我今天要请你看我拍出来的电影！"

迪士尼用一架小型放映机，把他的作品投放到车库的墙上。这是一部只有几分钟的动画短片，没有音乐，没有对话，然而故事是能让人看明白的。

画面中爸爸和妈妈带着他们的孩子，乘坐一辆敞篷汽车出外旅游，道路颠簸，车身猛烈震动，把孩子的玩具，爸爸妈妈的眼镜、假牙，都颠到天上去，最后连车子也成了一堆破碎的零件。在看片子时，罗伊一直大笑不止，放映结束，他竟情不自禁地鼓起掌来。

迪士尼把他的影片命名为《欢笑卡通》。

初期的卡通绘制已具有惊人的技巧，影片中画家的手在纸上滑过，好像在以闪电般的速度画着滑稽的画。迪士尼将卡通影片的样片送给纽曼戏院公司。这家公司在堪萨斯市拥有3家电影院。

"我很喜欢这个影片，年轻人。"看了样片之后，那家公司经理米尔顿·费尔德高兴地说，"每个星期我可以换演一部。你要多高价钱？"

"每英尺3角钱吧！"迪士尼略略估算了一下后说。

费尔德很满意地同意了，迪士尼也很高兴。但离开费尔德不久，迪士尼便发现3角钱一英尺根本没有什么利润。看来，他当时是太高兴了，但他并不后悔。迪士尼不是为钱而工作的，他相信在费尔德的影院里，无数陌生的观众会接受他的卡通影片并为之痴狂。他真正所需要的是用自己的卡通把欢乐带给每一个不快乐的人。

坚强地面对失败

白天迪士尼在电影广告公司忙一整天,晚上他还得在自己的车房摄影棚努力工作。

费尔德为他提了许多有关卡通影片题目好的建议,如戏院开幕周年纪念、竞选、圣诞节等。费尔德电影院中有些观众喜欢朗诵影片上的字幕,吵得四邻不安。为了解决这个难题,费尔德请迪士尼想想办法。

于是,又一部卡通影片被迪士尼制作出来。这部片中有一个滑稽的教授,拿着木槌,到处敲打那些喜欢读字幕的人头;或者索性打开一个活门,于是那些爱读字幕的人就被流放到街上。

当迪士尼进一步掌握了绘制卡通片的技巧时,一部真正的卡通影片《堪萨斯市春季大扫除》产生了。

这部影片的题材明显是指向堪萨斯市警察的丑闻。片中,一大队警察雄赳赳地向警察局大厦里走去,接着就出现大厦里发生打闹的符号,紧接着抛出了一个个人体。

到最后,从大厦里走出一个人,在大厦门口挂了个"征募警察"

的牌子。毫无疑问，这部影片受到了不满警察丑行的堪萨斯市市民的热烈欢迎。

迪士尼因为"欢笑卡通"而小有名气。当他的老同学遇到他时，大家都表示看过他的卡通。公司的老板也以他为荣，经常向来访的重要人物介绍他。

卡格为了让分公司的人也了解在电影院放映的卡通影片可以做成什么样子，便借用"欢笑卡通"到他在各城市的分公司去放映。

迪士尼的眼界也渐趋远大，他向老板卡格建议可以制作一连串的卡通故事短片卖给影院放映。但卡格没有批准，因为他认为整个美国中西部的电影院都买他的广告电影，这说明电影广告公司已经很兴旺了，何必再冒险尝试新的东西呢？！

迪士尼出了名，同时也掌握了动画制作技术，于是又开始做当老板的梦了。这次当然是要办一个动画电影公司，为此他做了充分的准备。

正当迪士尼紧张地筹备自己公司的时候，罗伊因患肺结核被退伍军人管理处送到洛杉矶去疗养，兄弟俩暂时又分别了。同时，父亲伊利亚斯在果子冻工厂的投资因工厂破产而化为乌有，公司总经理也因行骗而坐了牢。因此，伊利亚斯的事业又失败了。但他还是想通过改变环境来改变他的运气。

于是，伊利亚斯和弗洛拉回到堪萨斯市，想找一份木匠工作。在发现迪士尼的新奇东西摆满他家里的车房时，他弄不懂儿子为什么要在那些东西上面浪费时间。但是，他还是允许迪士尼在每月交5美元的租金条件下，继续使用那间车房。

伊利亚斯很少有工作做，因为战后建筑业很不景气。这时，赫伯特已经被邮局调到俄勒冈州的波特兰，他于是促请父母去他那里。

伊利亚斯同意了，并于1921年11月和弗洛拉偕同露丝乘火车离开堪萨斯市。

迪士尼眼中含泪，到火车站去送他们，但只说声"再见"就赶紧离开了。这一切都被露丝看在眼里。

迪士尼的老家住进了新房主，迪士尼只得把自己的东西搬到一套公寓中去。现在他租了一幢小楼房，因为他的事业已经扩大，不能一手包干了。

于是，他登广告，以招募愿意学习绘制卡通的青年人。迪士尼在厂房设起教导班，教授来应征的3个青年人绘制卡通的要领。他告诉3个青年人，相信他的事业一定会成功，成功后即把赚的钱分给他们，但他目前付不起工资。

为了成功，要制作像纽约卡通影片公司制作的卡通影片，以突破只制作一分钟影片以供人家填空的情况，迪士尼提出了制作这种卡通影片的整体计划：根据传统的神仙故事，加插笑话使其具有现代感。

这以后的6个月里，迪士尼和他的年轻伙伴们，为了制作他们的第一部电影《红帽小骑士》，每天工作至深夜。迪士尼对他的卡通影片非常满意，他甚至还把在电影广告公司的60美元一个月的那份优厚工作辞掉了。

1922年5月23日，他用1500美元组成一个欢笑动画公司，这是他向当地的投资者每人征集250美元至500美元而得到的。

之后，迪士尼租用了更大的房子。因为公司除他和乌布俩人外，又新增了5位卡通画家、一位业务经理、一位在赛璐珞板上上色的女孩子、一位推销员和一位秘书。

欢笑动画公司有一个令人愉快的工作场所。总经理才20岁，平易近人，不仅参加卡通制作，而且操作摄影机，还清洗赛璐珞板以供再度使用；职员中间有许多还不到20岁的年轻人。

当公司财务困难时，他们只能拿到一半工资，但他们毫不在乎，照样热衷于制作卡通片，而且常常工作到凌晨。

一到星期天，他们就和迪士尼一起到乌浦公园或麦克唐纳大厦的顶楼去，进行他们所绘制的卡通闹剧的演出。

迪士尼花了300美元，终于买到了一架宇宙牌摄像机。对迪士尼来说，这架摄像机的用处很多。

欢笑动画公司除了拍摄动画片之外，还有两项副业，一项是拍摄新闻纪录片，卖给国内几家大的新闻影片公司；再就是为堪萨斯的市民提供拍摄家庭生活影片的服务。这两项副业为公司缓解了流动资金的不足。

至1922年的秋天，制片业务在这些年轻人手里越来越难维持了，因为没有收到图书俱乐部购买神仙故事片子的钱。根据合约规定，签字以后6个月才付钱，虽然片子已收到。但是，6个月后，图书俱乐部早已宣告破产。这样，虽然6部7分钟的卡通影片已被制出并交付使用，欢笑动画公司却只得到100美元的定金。

当欢笑动画公司付出的工资越来越少的时候，工作人员开始陆续离开。最后连乌布也回到电影广告公司去了。

11月下旬，虽然迪士尼的主要资助人柯尔斯医生被说服再支付2500美元以应付公司的主要债权人，但迪士尼自己连支付房租的钱都没有。有一两个星期他借住在乌布的房间里，或者住在房租早已付过的公司办公室里。

办公室楼下有一家"森林旅馆饭店"，欢笑动画公司一直在这家餐馆里包伙，现在由于欠款太多，那位希腊老板拒绝迪士尼去吃饭了。迪士尼没办法，只好吃廉价的罐头豆子充饥。

有一天，那位希腊老板登门讨账，见此状况，实在于心不忍，便说："今后你还是到我那里去吃饭吧！"

直至迪士尼离开堪萨斯市，他还欠下希腊老板60多美元。

办公室里没有浴室，他因此不得不每星期去一次火车站，花一角钱买一块肥皂、一条毛巾，在那里洗一次热水澡。洗完澡后，他怔怔地站在月台上，看着载人的火车向其他城市驶去。

这个时候，迪士尼便不由想起在这里乘车西去的父母、妹妹，还有罗伊，不禁泪流满面。

几年以后，回忆起当时的情景，他不由得感慨地说："那时候真是太寂寞了！"

在这百无聊赖的日子里，转折点终于来了。

有一天晚上，迪士尼接到一个电话，是一位名叫麦克隆的牙科医生打来的。他说："华特先生，您能不能过来一下？我想拍一部有关牙齿保健的影片，您如果愿意，就过来谈一谈。"

有生意可做，迪士尼当然高兴。可是此刻他出不了门，因为他唯一的一双皮鞋拿去修理了，而且因为没有钱，皮鞋也就拿不回来。万般无奈，迪士尼对麦克隆说了实话。

牙科医生说："既然这样，还是我到你那里去吧！"

迪士尼穿着拖鞋，在办公室里会见了麦克隆医生。他原以为在这样寒酸的状况下谈生意是不会谈成的。可是出乎意料，麦克隆医生走的时候不仅给了迪士尼取鞋子的钱，而且给了他拍摄牙齿健康影片的协议书，以及500美元的拍片费用。

一些欢笑动画公司的人员又被迪士尼请回来，以制作《汤姆·杰克的牙齿》。

对迪士尼来说，这笔出乎意料的收入是未来的又一个希望。于是，他寻找其他题目，借此恢复公司的业务。

这是一部科教动画片，把牙齿保健的道理表现得深入浅出。此片的投资人麦克隆医生十分满意。这部片子赚了钱，迪士尼马上制订出新的拍片计划。他有一个大胆的设想，要把真人引进动画片里去，也就是说，让真人和动画共同演出一个故事。

这部片子名叫《爱丽丝梦游仙境》。

它原是英国童话作家卡罗尔的一部作品，在西方流传极广。迪士尼太想拍成这部片子了，却没有考虑拍摄这样一部影片需用多少投资，也没想一想自己是否有这样大的财力。结果，《爱丽丝梦游仙境》才完成一半，钱就花光了。

迪士尼只得去找早期的投资人，请求帮忙再次维持欢笑动画公司。但是，这些投资人早已自认倒霉，宁愿不再收回以前的投资，也不愿再做无谓的投入了。

工作人员也再度离去，欢笑动画公司终于破产。迪士尼也最终被迫去了好莱坞。

再次努力创业

当迪士尼在1923年到达好莱坞时,好莱坞已成为公司林立的城市,电影业已经发展成一项大行业。

当时,迪士尼的叔叔罗勃退休住在洛杉矶,迪士尼就住在他家中,开始探求这个新奇的、充满阳光的世界。

迪士尼到好莱坞看过拍摄现场,当他乘坐太平洋公司制造的红色大吊车观看拍摄《罗宾汉》所建造的巨大的赛车大圆环时,深深为之叹服。

那宏大的气势使他惊叹不已:"这才是真正的电影,相比之下,动画电影只能算是小儿科了。"

迪士尼迫不及待地赶到洛杉矶的北郊,沿着好莱坞的拉布瑞奥大道行走,每次经过卓别林摄影场的英国式平房,就希望能够看到这位他所崇拜的偶像。

迪士尼来到环球影片公司,忽然心里一动,想:"何不进去看看?"

他曾受聘于环球新闻影片公司做驻堪萨斯市的记者,而现在他身上还带着当时的名片。他把名片拿给环球公司的门卫看，于是获准入内。迪士尼在厂区内乱逛了几个小时，看了玻璃围着的舞台、户外布景和电影拍摄时的情况。这一切都使他如痴如醉。

第二天，迪士尼来到环球公司的人事部门，说明了他在堪萨斯城的经历，并请求担任导演，但是被拒绝了。迪士尼又到其他的电影公司去申请导演工作，也同样被拒绝了。他没有想到对于一位毛头小伙子，人家是不会看重的。

迪士尼身上一分钱都没有，甚至连住在罗勃叔叔家一个星期5美元的吃住费用都要向罗伊借。

迪士尼到西洛杉矶退伍军人医院看望罗伊，把他落魄的情形告诉了罗伊。罗伊建议迪士尼重新回到卡通制造的本行上。

"不行，太迟了，"迪士尼说，"早6年开始就好了，现在我看已赶不上纽约那些家伙了。"

卡通影片在10年以前就受到欢迎，但是在这10年中，卡通影片没有太大的进步。直至1913年布瑞制造了《艺术家的梦想》，卡通影片才具有商业价值。但那时的卡通影片还很粗糙。

1914年，由于赫德又发明以赛璐珞板来绘画动作，然后放在背景上，卡通影片的制作才变得实际可行。但那时卡通影片还只是会动的连环漫画，卡通人物也只是平面的，只是从一个画面跳到另一个画面中，没有情节上的紧凑连接。

迪士尼很少对自己失去信心，但对于这次和纽约专业性卡通制片厂竞争却没有把握。此外，好莱坞也没有卡通画家可以帮他忙，卡通影片的制作事业完全集中在纽约。这时候，迪士尼仍然继续向制片厂寻找工作。

有一次，他碰到了在堪萨斯市认识的一个朋友，这位朋友和他一样对电影工作着迷。他在一部名叫《失败之光》的影片中做群众演员。他问迪士尼愿不愿意到镜头前露露脸，他可以负责介绍。

迪士尼这时正需要挣点儿钱，好给罗勃叔叔交房租，便点头答应了。群众演员的任务是扮演一队骑兵。迪士尼化了妆，骑上马，只等导演一声令下，便冲过镜头。就在这时，天降瓢泼大雨，硬是把剧组给冲散了。而之后，骑兵也换了一批临时演员。

罗勃叔叔对迪士尼找不到工作和前途渺茫的情形，常常唠叨个没完。最后，迪士尼认为他要加入电影行业，唯一的途径还是卡通影片。他决定像从前那样从头做起。

迪士尼用装货的箱子和没有用的木板，在罗勃叔叔的车房里装了一个卡通影片摄制架子。现在还需要一个买主，于是他去拜访拥有几家电影院和杂耍戏院的亚历山大·潘特奇。

他向潘特奇的一位助手说明他的制作大纲。

这位助理回答说："潘特奇先生对这种东西不感兴趣。"

"你怎么知道我不感兴趣。"这位助理的话音刚落，潘特奇出来了。于是，迪士尼说出了他的总体计划。

"你弄一部出来我看看，如果真像你说的那样，我会很感兴趣。"潘特奇说。

迪士尼回到罗勃叔叔的车房里，马上着手设计影片的背景。由于工具简陋，绘不出什么复杂的东西，迪士尼就决定将形象贴在简单的背景上，而笑话则是以气球在人物头上爆炸的方式引发出来。

迪士尼也尝试了另一条可行的途径，他相信《爱丽丝梦游仙境》

仍然可以作为他打入卡通影片行业的敲门砖。罗勃叔叔租给迪士尼一间车房作工场，他又从三哥那里借得10美元印制信纸信封，公司暂定名为"华特·迪士尼动画片公司"。他写了许多信给往日曾经联系过的电影公司，希望他们能订购他的动画片。

不久，纽约有一家"雷姆尔电影公司"来了回信。这家公司的主管人雷姆尔小姐曾看过迪士尼拍的片子，十分满意。她在信中订购了《爱丽丝漫游仙境》动画片集，每一集出价1500美元，条件是主角爱丽丝须由她指定的一位6岁的小姑娘弗吉尼亚·戴维斯扮演。

迪士尼收到这封电报的时候已是很晚了，他马上坐上公共汽车来到萨特乐，找到了罗伊的病房。罗伊被惊醒了，看到弟弟站在他床边，手里握着一张纸，很奇怪。

"什么事？"他轻声问道。

"我们打进去了！我们得到了一份合约！"迪士尼兴奋地说。

病房里的其他病人被吵醒了，很不满意。

罗伊告诉他别太激动，轻声地解释一下究竟怎么回事，迪士尼就把电报的内容告诉了罗伊，并说他找到了打入卡通事业的机会，而且一开始就很好。但他表明他需要罗伊的帮助。

"罗伊，我们一起干吧！"迪士尼请求着。

"你能保证赚钱吗？"罗伊问。

"能。"迪士尼很有信心地说，"750美元可以拍一部，而雷姆尔小姐答应给我1500美元，也就是说利润可达百分之百。"

"那么，你能按时交货吗？"罗伊又问。

"没问题，技术上我有把握。"迪士尼请求道，"不过，我需要有人为我管理财务。罗伊，我们一起干吧！"

"好吧！华特，我会帮助你的。"

迪士尼不禁露出笑容，拍拍他哥哥的肩膀，满怀希望地走出黑暗的病房。

为了未来的事业，罗伊把他从薪俸中节省的 200 美元投资到电影业上，最后还向罗勃叔叔借了 500 美元。

顽强地克服困难

1923年10月16日，迪士尼、罗伊和雷姆尔小姐签订了一份合约，爱丽丝喜剧的发行权由雷姆尔小姐购得，头6部影片每部1500美元，后6部则是1800美元，还有两套则以后再商量。

迪士尼向一家房地产公司查询，表示一个月可以付10美元的房租，而以这样的价钱唯一可以租到的一间房子，是那家房地产公司的后院。

"我租了！"迪士尼说。他以200美元买了一架摄影机，是二手货，他教懂了罗伊如何操作它。迪士尼又以每星期15美元的薪酬，雇用了两个女孩子，担任在赛璐珞板上上色的工作，而漫画制作的工作则由迪士尼自己一个人负责。

片子拍得相当顺利，没有多久，第一集《爱丽丝在海上生活》完成了。

由于迪士尼在制片过程中充分发挥想象力和创造力，整部片子新鲜有趣，雷姆尔小姐看后十分满意，很快将1500美元汇给迪士尼。收到第一张支票使得迪士尼兄弟非常兴奋，迪士尼立刻开始摄制第二部电影《爱丽丝非洲之猎》。

为了便于拍摄和他临时招募来的邻近小孩所演的真人动作，迪士尼在好莱坞大道陆德尼街交叉口的地方租了一块空地，价钱是一个月10美元。爱丽丝的狗是由罗勃叔叔的狼狗佩斯饰演的。

1924年2月，迪士尼第一次聘用了一位卡通画家，名为罗林·汉弥尔顿。他们搬到了一家月租35美元的小店铺里，位于金思维街4649号，另加7美元又租下了车房。迪士尼把车房改成办公室，店铺的窗子上挂着"迪士尼兄弟制片厂"的牌子。

迪士尼把《爱丽丝非洲之猎》寄给雷姆尔小姐，并附了封信。这位发行人回信说需再多一点笑话。很快迪士尼又寄出了《爱丽丝鬼屋冒险》，又附信一封，表示幽默感已大为增加，并说他希望这些影片能成为较高尚的喜剧而非一般的低俗滑稽剧。

雷姆尔对这一部甚为满意，并把全套影片卖给其他地方的发行人。3月，第一部爱丽丝喜剧被推上了电影银幕。这位发行人在信中说看好此类卡通影片的前途。

因为迪士尼每一部动画片都要求高质量，所以制作影片的利润越来越少，有时候则根本没有利润可言。这个小制片厂需要更多的财务支援。于是，迪士尼让罗伊向在堪萨斯市的女友艾迪娜·法兰西斯借钱。罗伊坚决地拒绝了这一要求。

但迪士尼不顾罗伊的反对，自己写信给艾迪娜，请她寄钱来，并且不要告诉罗伊。艾迪娜于是寄了一张25美元的支票给迪士尼。她在一家保险公司工作，已积蓄了一些钱。

罗伊知道后，非常生气，和迪士尼大吵了一架。

此外，迪士尼还一再请在堪萨斯市艾西斯戏院工作的一位风琴手卡尔·史塔林帮忙，他曾经向"欢笑卡通公司"订了一卷唱歌的影片。他为迪士尼兄弟制片厂寄来了275美元的支票。

1924年5月下旬，迪士尼完成了爱丽丝喜剧第一套6部的制作。迪士尼自己完成了大部分绘制卡通的工作。这种工作极为辛苦，而且要细心。迪士尼很了解自己精于创作笑话，但画技则并不足以成为第一流的卡通绘制人。他觉得如果专心于构思剧本，公司业务的进展将会更快。

于是，迪士尼给在堪萨斯的乌布写信，邀请乌布前来加盟。乌布的回信措辞委婉，只推说他在堪萨斯电影广告公司的生活很安逸，每周有60美元薪金，不想改换门庭。迪士尼不死心，接二连三地写信劝说。

他告诉乌布，在迪士尼兄弟公司是以绘制动画故事片为主，这对乌布是最适合不过的。这一席话打动了乌布，最终他同意到洛杉矶来，每周工资为40美元。

虽然乌布的工资比在堪萨斯还低了20美元，可是对于迪士尼兄弟公司来说，这也是一个难以承受的负担。当乌布领了第一次工资之后，罗伊手里就没有多少钱了。由于交不起老罗勃的房租，兄弟俩只好从叔叔那里迁出，两人合租一间较小的房子。

平常，他们就在房间里做饭或在附近的一家自助餐厅里吃饭。他们很节省，兄弟俩想出了节省饭钱的办法，迪士尼买一份肉，罗伊就买一份蔬菜，然后两人分着吃。

而此时，雷姆尔小姐嫁给米兹以后就退休了，业务由米兹接管，制片人和发行人之间的关系没有以前那样融洽了。

乌布的到来不但提高了爱丽丝喜剧绘制的质量，而且加快了制作的速度，但公司的利润仍没增加。米兹每次只付给影片一半价钱，因此迪士尼就常常在给米兹的信中表达出急需用钱的情形。

米兹又一再要求更多的笑话，而迪士尼回答说："在《爱丽丝罐装食人族》里，我们已尽力使影片充满笑声，整个影片的情节是一个笑话接着一个笑话。"

当增加了爱丽丝影集中的笑话以后，观众和批评家们对这些影片的喜爱程度也大为增加。《电影新闻》《电影周刊》《电影世界》纷纷评论：迪士尼的每一部卡通，看起来都越来越富有想象力和智慧。

12月，米兹提出以每部1800美元的价格续签18部爱丽丝影片，并让迪士尼分享租给剧院放映的利润。至此，迪士尼兄弟制片厂才算立下了脚跟。迪士尼又从堪萨斯市请来了哈曼和鲁迪·伊兴这两位原来"欢笑动画公司"的老搭档。

收获幸福婚姻

一个偶然的机会,促成了迪士尼的婚姻。

罗伊和女朋友艾迪娜于1925年4月7日在罗伯特伯父的起居室里结了婚,在场的有伊利亚斯和弗洛拉、赫伯特、迪士尼、艾迪娜的父母,还有莉莲·邦兹。莉莲是罗伊为新娘挑选的宾相。

因为艾迪娜在好莱坞没有熟人,罗伊便从制片厂新来的女雇员中挑了一位给新娘当宾相,把问题解决了。

罗伊并不是轻易选上24岁的莉莲的。他觉得迪士尼该给自己找个女人了,而这个黑头发的姑娘也许正是他所要找的人。她有着粗糙的脸庞以及他和迪士尼都喜欢的中西部健壮妇女的身材。她外貌就像他们的母亲那样子,而不像好莱坞似乎遍地都是的那些娇弱的明星。

密密的睫毛,浓浓的描眉,还有红红的脸颊,衬着莉莲粗糙的脸庞。她微笑的时候嘴角只是很轻微地翘起。她曾不止一次在制片厂能让罗伊听得到的地方对他的女友说,迪士尼是做丈夫的最佳人选。

莉莲生长在爱达荷州，1923年夏天她利用几天的假期第一次来好莱坞看望她的姐姐。

在好莱坞，她遇到一个叫凯思琳的姑娘，是迪士尼制片厂新雇的第一个女职员，她们交了朋友。凯思琳早已爱上了自己的老板迪士尼，并对迪士尼做过一两次表示，但他要么是没有注意到，或者是不想做出反应。

凯思琳对莉莲说："我可以给你找一份工作，但条件是不许和老板结婚。"

这个工作是在用墨水描画和上色的部门，除了要会上色外，并不需要多少技巧。

莉莲本想回绝这份工作，但见到迪士尼后就认定每周挣15美元去干这个活儿也许很值得。迪士尼所以雇用她，主要是因为她的姐姐就住在制片厂附近，如果她晚上工作得很晚，也不用额外再付给她电车费。

罗伊结婚后的几天，迪士尼因想逃避孤独与失落感，曾考虑搬去和乌布·伊沃克斯住在一起，但后来又打消了这个念头。因为他已经开始越来越多地把时间消磨在莉莲的工作岗位上，主动提示她，帮助她提高上色的技术。

一天晚上，两人又一起工作到很晚。迪士尼弯腰要她看工作台上的一样东西时，感到她浓密柔滑的头发掠过他的脸颊。他闻到了她身上的香水味并感觉到她的裙子轻轻地擦过他的裤子。他不假思索地在她的脖子上吻了一下。

莉莲又惊又喜，红了脸，她知道她赢得了这个大孩子的心。但她什么也不说，好像什么事情也没发生。

一次，他们俩又凑在一块儿闲聊。莉莲没话找话："华特，好像你总是穿这一身衣服，真不知道你穿套服系上领带是个什么样子。"

迪士尼大笑起来："跟你说实话吧，我既没有套服，也没有领带，我只有这一身衣服啊！"

其实莉莲早已猜到了，但她故意做出惊讶的样子说："是吗？你开着制片厂，不是挣好多的钱吗？"

"莉莲，有些情况可能你还不知道，制片厂现在还很穷，不能说是有好多钱。"迪士尼坦然地说，"我曾经破过产，那时好惨啊，连出门拜客的鞋都没得穿。"

那天晚上，他们工作到很晚，迪士尼决定开车送莉莲回家。这时厂里已经有了一辆二手汽车。

当莉莲到家下车时，迪士尼忽然问了一句："如果我有了套服，你会让我到家里坐坐吗？"

莉莲温柔地告诉迪士尼："你现在就可以进去坐呀！"

迪士尼局促地说："不不，还是等买了套服再来吧！"说着他就把车开走了。

很快，迪士尼给自己买了一套灰绿色双排扣的套装，这在当时是很时髦的。他立即到莉莲家去做客。在客厅里，他急不可耐地问道："你喜欢我的这身衣服吗？"

莉莲回答说："你的衣服很新，可是汽车太旧了。"

迪士尼说："你说得很对，这辆车确实太旧了。可是现在我的钱还不是很多。莉莲，请你告诉我，你是希望我买一辆汽车，还是给你买一只订婚戒指？"

迪士尼是在变相求婚。

"一只订婚戒指。"莉莲毫不迟疑地说。

这实际上等于同意了以身相许。

第二天，迪士尼叫罗伊预支120美元给他，用40美元买了一套他穿的结婚礼服，用75美元买了一只戒指。罗伊很高兴，并坚持要节省开支，还从一个倒卖赃物的人手里买了戒指，他给艾迪娜的那只戒指就是从这个人手里买来的。

第二天，迪士尼去向莉莲求婚，莉莲同意了。他们很快就确定了婚期。

迪士尼目睹了罗伊在教堂的婚礼刚满3个月，24岁的他就与莉莲结婚了。

婚礼于1925年7月25日在爱达荷州的刘易斯顿市莉莲的哥哥家举行。

与此形成对比的是：在罗伊告诉他结婚的消息以前，迪士尼对掀开放在街角的垃圾桶的盖子，弯下腰把脸伸到桶里去的举动是不以为然的。双方的家人只有莉莲的母亲参加了婚礼。

迪士尼没有邀请自己的父母参加，因为担心旅程太远，他们受不了。也没有请罗伊，仍然记恨他与艾迪娜结婚的事。婚礼结束后，新婚夫妇就乘火车前往洛杉矶。

他们在蜜月包厢里作为夫妻度过了新婚第一个晚上的前半段时光，后来迪士尼突然觉得一阵牙痛。他说了声"请原谅"，就走出包厢。

在车厢狭窄的过道上紧张不安地来回踱了近一个小时，他仍然无法减轻自己的忧虑，便跑到提供休息的车厢里，让擦鞋的人把他的皮鞋擦了又擦，反反复复一直擦到深夜。

这一异常的清洁举动和迪士尼在罗伊举行婚礼前埋怨他还偶尔发怒完全是相同的表现。在腐烂食物上的蛆蠕动时形成了图案，他还经常把这些图案画在一个小本上，供以后制作动画片时用。

抵达洛杉矶后,度蜜月的新婚夫妇转乘轮船去西雅图。直到抵达华盛顿后,迪士尼才完全摆脱忧虑,使他的婚姻达到完美的程度。

第二天,他便缩短了蜜月的时间,说是制片厂有急事,需要他马上回去。

由于拍摄爱丽丝系列影片赚了钱,迪士尼制片厂总算站住了脚。

陷入奥斯华之争

1925年7月6日,兄弟俩以400美元价钱在赫伯龙大道2719号的地方买了一块地,准备建造一座更大的制片厂。

他们把罗勃叔叔以前借给的500美元还了,但又不得不低声下气地向他另借100美元。当制片厂的资金不足的时候,罗伊甚至把每月80美元的军队退休金也贴了进去。

制片厂的资金周转主要是靠雷姆尔所付的每部新片的价款。现在这些钱由米兹的内弟、驻好莱坞的代表乔治·雷姆尔亲自把支票送来。

但对迪士尼来说,这些钱总是送得太迟了。他向米兹表示不满,因而引发了一场不太友好的笔战。

最后,米兹还是提出了一个新的约定,以1500美元的价钱买一部爱丽丝影片,并在他收满3000美元租金后,多余的与迪士尼平分。在随后的两个月中,他们利用书信和电报继续商谈,每次商谈双方都做出一点让步。

爱丽丝喜剧放映了两年,迪士尼了解到人们对这些喜剧的欢迎程度已经慢慢降低了，而且也越来越难以想出点子把这个漂亮小姑娘融入卡通的动作里。因为爱丽丝基本上算不上一个喜剧人物，大部分喜剧效果是由米丽丝猫担任的。

至1926年底，爱丽丝喜剧显然已到该收场的时候了。环球影片公司的创立人卡尔·雷姆尔曾经向米兹表示，要一套以一只兔子为明星的影集。于是米兹太太便向她丈夫建议或许迪士尼可以制出这套影片来代替爱丽丝。

果然，迪士尼对这套影片极感兴趣，并亲自干了一个通宵，画成一只非常新颖的兔子。

迪士尼希望这只兔子能够给自己带来好运，便为它取名为《幸运兔奥斯华系列》。

接着，他就把草图带给米兹。米兹对交货很快、画得也相当好，确实感到很惊讶，就建议迪士尼能够试拍一部动画片。

迪士尼负责编剧，伊沃克斯则把奥斯华的草图进行修改，最后画成一个十分完善的图样。迪士尼苦干了一整天，写出了一部短片的概要，起名为《可怜的爸爸》，内容只不过是系列的、彼此没有联系的滑稽可笑的小丑动作。

制片厂一周内就把它拍成了，迪士尼亲自把它送到米兹处。米兹再把影片送给雷姆尔观看。

遗憾的是，雷姆尔并不喜欢这部片子，他抱怨它没有情节，拍摄不稳；而使他最为不满的是奥斯华的画法，他认为画得太胖了，没有吸引力。

当米兹以同样的态度对待迪士尼时，迪士尼就把胶片全部毁掉，和伊沃克斯重新编写故事与刻画人物。全体工作人员都行动起来，以保证绘制的背景和人物是制片厂所能绘制的最佳产品。伊沃克斯还临时赶装了一个马达来稳定摄像机。

几天后,他们将重拍的动画片交给米兹,改名为《有轨电车的风波》,由奥斯华扮演动画世界里的有轨电车司机。

米兹把片子交给雷姆尔,他勉强通过了。于是米兹就回头去给迪士尼报告这个好消息,说经他努力,奥斯华与环球制片厂做成一笔交易,这使他们全都有事干了。迪士尼则把米兹当作英雄,认为他一直对制片厂忠心耿耿。

1927年初,环球电影公司发行了《幸运兔奥斯华系列》动画片的第一部《有轨电车的风波》。影片一上映,立即受到了热烈的好评。

就在该片上映的第二天,《洛杉矶时报》的头版第二条,出现了对《有轨电车的风波》的特别长篇报道,该报道这样写道:

昨晚,对于好莱坞来说,应该是有一个值得纪念的时刻。长久以来,人们认为世界上第一部动画片是1906年英国人詹姆斯·斯图尔特·布莱克顿的《滑稽脸的幽默相》,但是他们不知道,早在1900年的美国,我们就有了斯图亚特·伯拉。

小杂耍上我们美国人不落后于欧洲,相反,我们要领先于他们,尽管领先紧紧是一小截。但是昨天,环球电影公司出品的一部《有轨电车的风波》,让我们有了两个认识:

第一,动画片不是杂耍,这种通过胶片来最终呈现到我们眼前的形式是艺术,真正地和电影一样伟大的艺术。它有着丝毫不逊色于电影的巨大魅力,甚至在有些地方比电影更纯粹。

第二，今天，我们可以骄傲地向世界宣称，特别是对欧洲宣称，动画片的未来、动画片的光明，在美国，在好莱坞，在环球电影公司！

从昨天开始，因为这部片长一个小时的美国第一部长篇动画电影也是世界第一部长篇动画电影的存在，我们可以毫不客气地对欧洲的同行们说，我们在动画片上已经远远领先于他们！环球电影公司再一次为美国电影界争取到了极大的荣誉！

观众很喜欢奥斯华，一时间，兔子奥斯华成了孩子们心目中的偶像，奥斯华的名字和形象一时出现在各类商品上，甚至小学生们的上衣领上也配有奥斯华的徽章。

这样一来，环球公司和雷姆尔获得了巨额利润。著名的纽约动画片厂第一次注意到西海岸的这家小公司已制出一部风行一时的影片，其质量和吸引力都可与东部的产品相媲美。

雷姆尔很高兴，命令米兹每两周出一集新的"奥斯华"。米兹把这个命令转达给迪士尼，和他达成了新的协议，每部动画片预付2250美元，按票房的总收入分享部分利润。

米兹请妹夫乔治·温克勒亲自将给迪士尼的支票送到迪士尼公司，乔治拿到一部拍好的片子就支付下一部片子的预付款。

在迪士尼制片厂，乔治和他的支票总是受欢迎的，他可以随意在走廊里漫步，与雇员们闲聊。

迪士尼虽然对这部系列片的成功感到高兴，但他偶然得知环球制片厂和雷姆尔已经在用奥斯华这个角色做生意，而他们既没有告诉他，征求他同意，也不让其分利，这使他很烦恼。

有一天上午在去制片厂的路上，迪士尼在当地的一家杂货铺停下来买香烟时，发现柜台里摆着叫奥斯华的糖块，在这个名称下面还有向买主建议的一句话：

去看环球制片厂电影奥斯华吧！

回到制片厂后，迪士尼把这个情况告诉了罗伊，罗伊建议他不要采取什么行动。他向弟弟保证，这种宣传会使他们的动画片更卖座，这正是他们做生意的目的，而不是糖块。但是，事情并不像罗伊说的那样。

在拍摄《幸运兔奥斯华系列》影片的两年中，米兹派人往返于纽约和洛杉矶之间，名义上是做业务上的沟通，暗中却在挖迪士尼的墙脚。

那时厂里已经有了一支初具规模的画家队伍。来人同厂里的动画画家们频繁会面，许以优厚待遇，让他们脱离迪士尼。画家们大都应允了。

他们自然不会忘记乌布。乌布也曾经犹豫过，但迪士尼赚了钱没有忘记老朋友，他给乌布长了工资，还在厂里给他注册了股本。这使乌布大受感动，决心留下来。

奥斯华合约定于1928年2月结束。一方面为了旅行，一方面为了同米兹和环球公司洽谈新的业务，迪士尼和妻子莉莲决定坐火车到纽约。

在动身之前，乌布告诉迪士尼情况可能不妙。米兹的内弟乔治·雷姆尔每次到制片厂来，并不是单纯地取影片和海报，可能还抱有其他方面的企图，因为他曾多次秘密地和厂内其他一些卡通绘制员谈话。"

迪士尼当时并未太在意乌布的话，仍然很快乐地去了纽约。

迪士尼在和米兹谈判的时候，终于证实了乌布的警告，许多画家已经被米兹给收买了。于是，他急忙给罗伊打电话询问。

罗伊接到弟弟通报的情况，惊得好半天说不出话来："这种事，你让我去问谁呢？谁能告诉我呢？"

迪士尼立即建议："去问乌布，他一定知道情况！"

罗伊那边很快传回消息，除乌布和其他两人外，厂里大部分画家都同米兹有约，准备脱离迪士尼的制片厂。

迪士尼一方面设法拖延米兹给他的期限，一方面找到吃饭时遇到的一位编辑做盟友。这位商业报纸的编辑安排迪士尼与另两个公司的负责人洽谈，但这两家公司都表示没有兴趣发行奥斯华影片。

正在这时候，米兹又打出了一张牌，根据合约，奥斯华影片是环球影片公司的财产，而非迪士尼的。

迪士尼伤心透了，他所辛勤创造出来的有价值的东西却不归他所有。当迪士尼把这件事告诉莉莲时，他发誓永不再为别人做事了。

现在，米兹手中有两张王牌，一张是占有《幸运兔奥斯华系列》影片的所有权；再一张就是釜底抽薪，挖走所有画家，让迪士尼陷入瘫痪。

米兹又故作姿态提出他支付每部影片的制作费用，提供制片厂人员的薪水，以及分享50%的利润。

迪士尼根本没有接受这项建议的意思，但他要求给他一点儿考虑的时间。因为迪士尼想利用这点时间来说服环球公司的负责人出面干涉这件事。他请求他们给公司一次机会，但环球公司最后还是站到了米兹一边。

最后，他们只有承认失败。迪士尼真是伤心透了，他最后一次到米兹的办公室，出乎意料，迪士尼没有表现出一丝怨恨之态。他只是忠告比他大的米兹："你要小心一点，我的人员既然会背叛我，他们也会背叛你的。"

沉浸在胜利之中的米兹根本没想过奥斯华影片会从他手里被夺走，但后来事实确实如此。

创作米老鼠作品

1928年3月，迪士尼回到了洛杉矶。

罗伊听说弟弟和米兹谈崩了的消息，大吃一惊，埋怨说："华特，你意气用事，把事情全都弄糟了！现在咱们没有了奥斯华，没有了画家，没有谁给我们投资和发行，可以说什么全都没有了。"

迪士尼却胸有成竹地说："我们要绘制一套新的片集。"

3月的最后一个星期，迪士尼回到制片厂，里面冷冷清清，了无生气。这时大多数和米兹签约的卡通画家已经得知迪士尼和米兹谈崩了，因而认定他们在这个制片厂的日子已是屈指可数了。

迪士尼强迫这些不忠的卡通画家们不得间歇地工作。他怀疑他们已经接受了米兹的任务，刺探他的情报。他决定不能让他的下一部动画片主角再次失窃。所以当这些画家在摄影棚闷闷地作画时，迪士尼正和乌布秘密地设计一部以老鼠为主角的新的系列片。

迪士尼的第一个草图已让乌布看过，他的头一个评语是这只小耗子太像迪士尼了，唯一少的只有声音。

迪士尼承认他偶尔以自己在镜中的面孔为模型，许多表情便是他自己的。当然他发现这个角色的原型是一只在堪萨斯市的小营业所中爬来爬去的真老鼠。

他说它常常爬过他的书桌,他就喂它一点乳酪。他特别喜欢它,认为它很驯良、顽皮。它会在他的指缝中吃光乳酪,然后蜷成一团在他的手心安睡。它常常耽搁他干活,那正是迪士尼在堪萨斯市真正艰难的时候。

他对乌布和罗伊说有一阵儿他连老鼠也喂不起,他怕他养成了它爱吃乳酪的毛病后会不顾死活去偷吃楼下捕鼠夹上的诱饵,所以有一天带到森林里把它放了。

迪士尼又说他很希望它得救,他给它取名莫蒂默·米老鼠。但是乌布和罗伊都同意莉莲的看法,认为莫蒂默太女性化了。他们喜欢她给取的名字:米奇·米老鼠。这个名字他们都喜欢。

当时的报纸上到处都是查尔斯·林白的事迹。他首次单人飞越大西洋而被视为民族英雄。两人不约而同地想借此发挥一下,他们立即根据林白的故事构思了一个大纲,然后乌布就锁上房门着手绘制。若有人敲门他就把新绘图纸藏起来,在上面放上奥斯华的画。

乌布以惊人的速度绘制这部新的卡通片,每天绘制700张,打破了原来600张的纪录。乌布绘的这部新卡通叫《疯狂的飞机》。乌布永远是一个能工巧匠,由于知道这部新的系列片至关重要,所以,他在这第一部米老鼠卡通片的制作上表现得极为杰出。

这部影片的其他的制作过程,在制片厂内是很难掩藏的,因此迪士尼把他在里瑞克大道的停车间改成了临时绘制厂。由莉莲、艾迪娜和迪士尼的嫂嫂海丝·席维做上色工作。

到了夜里,迪士尼就把绘好的赛璐珞板拿到制片厂去,由一位忠心的职员麦克·马可斯拍摄下来。他们赶在第二天早晨其他职员来以前，把有关《疯狂飞机》的东西都移走。这部卡通片就这样完成了。

1928年5月10日，该片在好莱坞日落大道电影院试映。试演虽未引起轰动，但反应也不错。迪士尼信心大增，立即摄制第二部《骑快马的高卓人》。

这时那班"叛匠"已经离开，因此迪士尼可以放心地拍制自己的新影片。这时制片厂又招聘了一位新人魏佛瑞·杰克逊。他刚来的头一个星期，看到那些卡通绘制人员一面工作一面谈笑。但到了星期六，他们把椅垫子和其他私人物品都带走了。

杰克逊想这真是一群奇怪的家伙，他们尽管彼此说笑打闹，却互不相信对方。等到星期一，他发现只有几个人来上班，这才明白了个中原委。接下去的工作就没必要再偷偷摸摸了。

迪士尼用最后的资金又拍了两部米老鼠短片。在第二部《骑马的高卓人》中，米老鼠是一个勇敢的骑手。第三部叫作《威利号汽船》，米老鼠又成了一个能干的船员。

剩下的事情就是把影片卖出去。可是，迪士尼马上就发现，真要把米老鼠推向市场并不是一件容易的事情。以往迪士尼制片厂的动画片都是由米兹负责发行，现在和米兹闹翻了，迪士尼急需另外找到发行人。可是，电影发行商们对米老鼠反应冷淡，这是迪士尼没有想到的。

米老鼠毕竟是一个陌生的角色，发行商们对观众能否接纳它还有些吃不准。而且，米老鼠影片的制作成本太高，发行商们担心无钱可赚。另外，当时恰恰是有声电影开始的年代，虽然有关技术尚在摸索，但制片商们害怕无声的动画片不受观众的欢迎。

"那么，让我们给米老鼠配上音乐好啦！"迪士尼说。

"什么？你疯了吗？"罗伊喊道，"那是要花好多钱的，而我们现在的日子并不好过。"

"花钱怕什么！"迪士尼在动画片上一向不怕花钱，"只要片子拍得好，有人要看，钱还会回来的。我们为什么要为一点点钱而前功尽弃呢？"

"可是到头来还得我去弄钱！"罗伊抱怨着。他在厂里负责财务，虽然满心不愿意，但他总能想方设法满足弟弟的需要。

1928年9月，迪士尼到达纽约。他到处寻找录音设备。大公司因为太忙，顾不上他这位小卡通制作人。好不容易找到了一家愿为他录音的公司，但因要价太高只好放弃。迪士尼迫不得已只有继续寻找。在和纽约影坛接触后，迪士尼更加深信将来必是有声电影的天下。

给迪士尼印象最深刻的录音商是帕特·鲍尔斯，他拥有一组所谓"电影声"的独立录音系统。直至后来，迪士尼才知道鲍尔斯是纽约市的大骗子之一，他的"电影声"也是根据别人的专利品装配出来的。

第一次录音是在1928年一个初秋的早上，什么都不对头，最后录得一塌糊涂。

迪士尼急于向哥哥隐瞒实情，不想要他再寄钱来，可是在鲍尔斯的糊弄下又不得不再次向哥哥借钱。

罗伊只好卖掉弟弟的汽车以应付弟弟这笔意想不到的花费。迪士尼闻讯惊呆了，那毕竟是他的心爱之物，一想到它现在已落入不知爱惜它的俗人之手就使他难以忍受。失去汽车使他下决心力争在录音上少花费。

第二次录音双方配合得很好，当晚的后半夜，在一场紧张而疲惫的演奏结束后，终于把《威利号汽船》全部配上了音响。这次一切都合乎他的要求。当他看完整个影片的首映后，当初对影片的疑虑全都烟消云散。这时的迪士尼所要做的就是如何把这部影片卖掉。

迪士尼按照鲍尔斯的安排，带着这部卡通片一家一家到各个主要发行人公司去放映，但结果都一样。尽管他们的滑稽动作引得公司的负责人们哈哈大笑，但当迪士尼询问负责人意思如何时，他们不是说会打电话联系，就是说会与鲍尔斯联系，总之就是没有一家公司愿意要。

后来演艺界老手莱琴伯在试演室看过《威利号汽船》，认为一定会成功。他说他愿在他的戏院放映这部卡通。莱琴伯是一个能干的宣传推销员，并且在纽约为环球公司经营一家戏院。

1928年11月18日，《威利号汽船》在莱琴伯的戏院上演，轰动的情形正如所预料的那样。尽管海报上所列的是名演员主演的有声电影及有名乐队的现场表演，但观众在离开戏院后却只谈论海报上列为第一部有声卡通的《威利号汽船》。

订片人纷至沓来，迪士尼也在一夜之间成了名人。

苦尽甘来，华特·迪士尼的大作终于得到社会的承认。这样一来，所有的租片商和全美国的各大电影院几乎无一例外派来代表到迪士尼在纽约的住处洽谈，希望提供资金并与他合作。

具有讽刺意味的是，米兹也出现了，他厚颜无耻地对迪士尼说："参加我们吧！我们给你提供摄影棚，给你需要的一切支持。只要你把米老鼠转交给环球公司，利润可以从优。我们甚至还可以还给你那些动画片画家。要是你还想要他们的话，他们一直在等着回去为你工作。"

迪士尼忍不住说："就是他们跪着来求我，我也不要他们。"米老鼠是他迪士尼的孩子，只属于他一个人，任何人别想染指。

事后，鲍尔斯对迪士尼说："干得好，华特，我很高兴你拒绝他们，这表明你是独立的。只能这样对付那些流氓！"

紧接着，这个骗子也给迪士尼一个"真正的建议"，他塞给迪士尼一张3000美元的支票，提出让他来作为米老鼠的代理发行人。

上了骗子的当

在迪士尼和鲍尔斯的合同中，有一个条件是以后再拍动画片，必须租用鲍尔斯的"电影声"音响设备。

迪士尼回到洛杉矶。

罗伊已经知道弟弟在纽约签订了合同，他急于要见到合同的原件。

"骗子！骗子！"罗伊边看合同边嚷，"华特，你是不是太轻率了？怎么能签订这样一份合同呢？"

罗伊最不能同意的是这样一条：迪士尼同意连续使用"电影声"设备10年，每年要付给租金26000美元。罗伊认为，10年之内，录音技术将发展到何种程度谁能预料？也许几年之后，录音将变得非常廉价，而迪士尼制片厂将不得不背着鲍尔斯这个大包袱，一直背上10年。

罗伊说，他虽远离纽约，却也听说了鲍尔斯的许多传闻。据说此人是个骗子，属于最寡廉鲜耻、最不可信赖的那一类人。罗伊追问迪士尼道："你在纽约难道就什么也没听到吗？"

迪士尼对罗伊的态度十分不满，认为哥哥过于挑剔，是因为签订合同之前没有征求他的意见，所以故意报复。

"我不管别人怎么说，重要的是我见过他本人。"迪士尼气愤地说，"鲍尔斯是我遇见的最好、最诚实的人！"

罗伊耸耸肩膀，弟弟的固执使他毫无办法，况且合同既已签订，也无法推翻了。

迪士尼制片厂终于又走上了正轨，新招募的画家们已经开始工作。米老鼠系列影片一部接一部地拍出来，迪士尼现在是名人了，影片的销路也很不错。外界以为迪士尼制片厂一定是财源不断，而事实上资金的缺乏一直像魔影一样困扰着迪士尼兄弟。厂里每拍一部影片，收回的资金恰好只够拍下一部影片。

"怎么回事？"罗伊感到事情不妙，"米老鼠一部接一部地拍，观众也很踊跃，鲍尔斯为什么不付钱给我们？"

一开始，迪士尼还替鲍尔斯辩解："不要着急，鲍尔斯不会骗我们的。你不知道他是一个多么诚实的人。"

可是一个星期又一个星期过去了，纽约仍然没有汇来一张支票。罗伊忍不住了，对弟弟说："华特，你不要再固执了，我们必须正视这种情况。据我所知，从安克里奇到布宜诺斯艾利斯，人们都排着长队要看米老鼠，而我们愣是一个子儿也没捞着。这难道是正常的吗？你怎么就那么相信鲍尔斯？"

事已至此，迪士尼也无话可说了。

"我必须亲自到纽约去一趟。"罗伊气愤地说，"我要像拧柠檬汁那样，拧一拧这个可恶的畜牲！"

可是几天以后，罗伊垂头丧气地回来了。鲍尔斯对他虽然很客气，却坚决不让他看到账本，只推说他自己也没有赚到钱，因为广告的开销太大。日子虽然依然拮据，但影片还得照常拍摄。罗伊勉强维持着局面，使有限的资金运转起来。

迪士尼虽然不说什么，心中对鲍尔斯的不满也是与日俱增。因为一部又一部的米老鼠影片并不赚钱，他想索性拍点儿米老鼠以外的动画片。

这部新的系列影片名叫《傻瓜交响乐》，第一部影片名为《骷髅舞》，表现一群鬼魂半夜从坟墓里爬出来嬉戏作乐，配以音乐，格外新颖别致。罗伊反对拍米老鼠以外的系列片。迪士尼并不作什么解释，他知道是由于自己的轻信而上了鲍尔斯的当，就只好尽量少拍米老鼠，以此来抵制鲍尔斯。

当罗伊再次去纽约讨债时，把刚刚拍成的《骷髅舞》带了去。鲍尔斯看了片子，大为恼火。根据合同，他只能发行米老鼠系列影片，米老鼠以外的片子他无权染指。他心里很明白，迪士尼这么做完全是冲着他来的。

"华特这是要干什么？他想毁掉米老鼠吗？这等于毁掉我们大家！"鲍尔斯气咻咻地对罗伊说，"请回去告诉你的弟弟，我们讨厌《骷髅舞》。这算什么名字啊！光冲这个名字就得把观众吓跑。告诉他，我们只要老鼠！要更多的老鼠！"

迪士尼不再按照鲍尔斯的意愿行事，他坚持要把《骷髅舞》搞到底。结果这部片子第一次试映就大受欢迎，全美国的电影发行商们纷纷订片。这使鲍尔斯十分被动，只好打电话来表示祝贺。

电话是罗伊接的。罗伊说："连你都为《骷髅舞》喊好，那么就不会有什么人不喊好了。"

罗伊一直在设法调查米老鼠的票房情况，最后的结果令他大吃一惊。据粗略统计，鲍尔斯至少使迪士尼制片厂蒙受 15 万美元的损失。

他对弟弟说："华特，你现在还能信任鲍尔斯吗？"

迪士尼也觉得忍无可忍，决定亲自到纽约去同鲍尔斯交涉。在鲍尔斯的办公室里，他们终于又见面了，只是没有了一年多以前的那种信任与和谐的气氛。迪士尼按照哥哥的叮嘱，坚决要求查看鲍尔斯的账目。

鲍尔斯做出一副委屈的姿态，那样子活像是被亲儿子打了一巴掌。他说："你是在怀疑我吗？我亲爱的孩子，你知道我为你们做了多少事情吗？度过了多少个不眠之夜吗？到头来你们却是这样报答我！"

迪士尼和气地说："我不想怀疑您。我只想看一下账目，这样可以证明您的清白，您何乐而不为呢？"

谈判最终陷入了僵局。鲍尔斯只好打出了最后的一张王牌，他忽然问道："我们先谈一谈别的事情好吗？听说贵厂有一位出色的动画画家，他叫作乌布吧？"

迪士尼奇怪地回答："是的。可是我不明白乌布同我们今天的谈话有什么关系。"

"嗯，会让你明白的。"鲍尔斯不动声色地说，"据我所知，贵厂的'米老鼠'和'傻瓜交响乐'实际都是乌布一手搞成的，对不对？"

"对。"迪士尼说，"可是您究竟要干什么？"

"好吧，让我告诉你。"鲍尔斯露出一副无赖的面孔，说道，"我知道贵厂离不开乌布，离了他，你的厂子就完了。华特，你必须同我合作，不然你就会失去乌布。想想看吧，这将会是一个什么样的结局!"

"我不信。"迪士尼说,"乌布决不会背叛我。"

"你是不是太相信友谊了!"鲍尔斯冷笑着,把一纸电文递了过来,"那么,你看看这个吧!"

这是鲍尔斯派驻在洛杉矶的代表发回的电报。电报上说,乌布已于昨日同意脱离迪士尼制片厂,并同鲍尔斯签订了一份为期5年的合同,创作一部新的动画系列片,他的每周工资为300美元。

迪士尼浑身战抖,但还是一口咬定:"不,不对,这是假的!乌布不会做出这样的事情。"

"那么,你还是给你的哥哥打个电话好啦!"鲍尔斯建议道,"我想他已经得到消息了。"

迪士尼不想让鲍尔斯听到他给哥哥的电话,而且也是害怕电话那边会传来不好的消息。

鲍尔斯看出迪士尼在颤抖,便又换了一副温和的面孔,说道:"华特,其实你不必为这事情伤脑筋,只要你继续和我保持合作关系,那么你就不会失去乌布。说实在的,我喜欢你,我采取的这一切措施都是因为不想和你散伙。"

可他说的这些话,迪士尼再也听不进去了。当天晚上,迪士尼和哥哥取得了联系。罗伊证实说,乌布已经向厂里提出辞职,理由是同迪士尼的关系紧张。一同要求离开的还有厂里的一名作曲家。

"鲍尔斯说的是真的。"迪士尼几乎被这个坏消击倒,他没想到乌布居然也会背叛他。看起来,鲍尔斯早就防备着最后摊牌的这一招了,他知道早早晚晚会同迪士尼闹翻的,所以就把迪士尼制片厂的艺术骨干抢先抓在手里。这同当年米兹的做法如出一辙。

"乌布,你不应该呀⋯⋯"

放下电话，迪士尼落下眼泪，但涌上心头的却是痛心，而不是恨，毕竟是多年的朋友啊！他甚至觉得有些对不起乌布。乌布说的"关系紧张"并不是假话，前一段时间由于心情不好，他对乌布的态度很不好，有几回还发了脾气，可他没想到事情会闹到这一步。

"我完了！我被这个混蛋鲍尔斯给算计了！"他躺在床上痛苦地想，"为什么我总是上当呢？离开军队十多年了，为什么还是被别人耍来耍去呢？"

如果继续同鲍尔斯合作下去的话，就可以保住乌布，但迪士尼实在不能再同这位不知廉耻的爱尔兰人维持关系了，即使失去乌布也要同鲍尔斯一刀两断。

当然，鲍尔斯欠下的那笔钱是别想要回来了，如果打官司，其花费将远远超过15万美元。鲍尔斯也正是瞅准了这一点，所以才有恃无恐。

迪士尼建议找一个律师和他同去纽约，准备和鲍尔斯摊牌。

鲍尔斯威胁他要是不续签合同，他就会失去乌布，迪士尼还是不相信这件事。

最后，迪士尼制片厂付给大骗子50000美元，以赎回他以前掌握的所有卡通片的发行权，钱是从哥伦比亚公司借来的。迪士尼觉得花50000美元与这样一个人绝交还是值得的。

1930年2月7日，迪士尼从纽约电告罗伊：与鲍尔斯分道扬镳，暂停米老鼠的拍制，集中拍制《交响乐队》以供哥伦比亚公司。

迪士尼回到加州，希望从此再也不为钱而伤神，但天不遂人愿。因为这时的他虽然名声很大，但他对卡通的高质量的要求却使得拍片成本大大提高，以致每出一部影片债务就要增加一点。

再加上一些工作人员制作的水准不高，难合他的心意。迪士尼为此伤心沮丧。这种全力工作追求完美的精神最终使他精神濒临崩溃的边缘，晚上老是睡不着。

有一天妻子莉莲走进卧室，发现丈夫昏了过去。她叫来医生，医生很快就使他恢复了神志。在迪士尼完全恢复以后，医生与他进行了对话。

迪士尼生病的新闻轰动好莱坞后，电报雪片般飞来。其中有一份迪士尼一直保存着，那是乌布发来的，只有短短的一句话："请保重。"

罗伊骂道："这个无赖，纯粹虚情假意！"

迪士尼却说："不，他是真心的。"

后来在医生的建议下，迪士尼和莉莲做了一次长途旅行。

此后，迪士尼一直遵照医嘱经常定期活动，每周到好莱坞运动俱乐部去两三次，打打拳，或是游游泳、打打网球，身体这才逐渐地好了起来。

努力获得了成功

20世纪20年代末,资本主义世界爆发了全球性的经济危机,造成了大批工人失业和工厂倒闭。这对于一直在困境中苦苦挣扎的迪士尼制片厂来说,无异于雪上加霜。

迪士尼后来认为,他1931年的精神崩溃根源仍是对迪士尼制片厂的前途忧虑过度。迪士尼制片厂的财务状况确实是他们兄弟俩的一桩心病,在他们与哥伦比亚电影公司签订新合同的条件中,他们仍未捞到足够的钱以支付他们的支出。

新的卡通画家必须从纽约来,多少顶替一下乌布的位置,他至少可以干3个人的活。这些人必须水平很高,当然工资也比一般人高。

在乌布离开和迪士尼生病之后,迪士尼对工作人员的方式和态度已大为改变。他不再是那个笑盈盈的随和的老板了。他原先爱和周围的画家和描图工说笑,走出屋时挥挥手叫他们"悠着干"。

现在他的笑容渐渐消失了,人也变得越来越严肃了,也许是年纪大了，也许是操心多了，抑或是伤了心的缘故。

迪士尼常常把艺术标准定得很高，对卡通画家要求很严。这表现在新影片的质量上有了很大的提高。

当然，要是作品质量提高了，每部新片花费也就相应地高了。虽说卡通业现在比以前更红火、更受欢迎，而且华特·迪士尼的大名无人不知无人不晓，可是制片厂的收益却始终赶不上厂里的开支，尤其是当时迪士尼还欠着他的发行人和贷款者哥伦比亚电影公司的钱。

1931年的迪士尼差一点儿就要累垮了，他们拍摄每部片子花的钱都比他们想赚得多。起初他们还能挺住，慢慢地迪士尼感到有点吃不消了，他开始失眠，感情也变得脆弱。

但是，担心厂里的财务状况并不是他过度紧张的真实原因。迪士尼把钱财的事已完全交给了罗伊。迪士尼把手上的每一分钱都投入他的卡通业上。他们挣的钱越多，花在影片上的钱也就越多。即使没有收益，迪士尼也敢花钱，直至罗伊劝阻为止。

1932年，迪士尼和莉莲打起背包登上去圣路易斯的列车。但是由于美国经济萧条，观光客船因客人少而取消了由圣路易斯到新奥尔良的航线。在莉莲的建议下两人改道去了首都华盛顿。在那儿看了几天名胜后，迪士尼的精神有了明显好转。

迪士尼人未到首都，米老鼠之父的大名已先期到达。在他们下榻的五月花饭店，公关部经理毛遂自荐愿意为他们提供一切方便。

迪士尼想拜见两位自小就崇拜的将军，公关部代表气馁地退回，坦言将军太忙无暇接见。当有一位记者反而说可以安排在白宫谒见胡佛总统时，迪士尼和莉莲都忍不住捧腹大笑起来。

这次旅行持续了两个月。他们从华盛顿坐火车南下到国土最南端佛罗里达州的基韦斯特市，然后又坐船去了古巴，在哈瓦那逗留了一周。等到他们坐船经巴拿马运河沿西海岸返回洛杉矶时，迪士尼已经恢复了开朗、乐观的原状。

当迪士尼同鲍尔斯一刀两断之后，好莱坞的哥伦比亚电影公司立即抓住时机，垫付了50000美元的赎金，于是就把迪士尼制片厂牢牢地抓在手里。

在同哥伦比亚公司合作的两年里，迪士尼制片厂的财务状况一直没有起色。每一部动画影片经哥伦比亚公司发行之后，首先要抽取30%的佣金，然后再扣除冲洗费、保险费、广告费以及7000美元的预付款，剩下的钱还要由两家平分，对迪士尼兄弟来说就所余无几了。

就在迪士尼此行之前，罗伊已告诉弟弟他们断绝了同哥伦比亚公司的关系，正在寻找一家新的制片厂。因为哥伦比亚公司不愿意把原来的援助增加一倍，罗伊只好另求更慷慨的制片厂，这就是联美影业公司。

迪士尼闻讯十分高兴，因为联美影业公司是他喜欢的喜剧演员查尔斯·卓别林的大本营。而卓别林是众所周知的米老鼠的爱好者。

联美影业公司答应每部片子支付15000美元的资助，并签下了12部一套的《胡闹交响乐队》，但联美影业公司要求快些交货，好早点放映他们收到的第一部迪士尼影片。

当时，迪士尼正处在精神危机的关头，坐下来面对画板光流汗却毫无灵感。最后勉强画出个草图，命名为《花儿与树》。迪士尼把草图交给卡通画家们去充实，添上稚菊摇曳，橡树在风中摆动，小鸟在树间啁啾。

当迪士尼回来后,《花儿与树》已拍完正准备交给新的发行人。他看后觉得拍得太差,缺少过去片子的独特个性。他的本意是立即扔掉重新拍制,这可吓坏了罗伊。但在莉莲告诉他她怀孕之后,他高兴极了,又出了一个新主意,也是一个更费钱的主意。

就在这时,彩色电影技术诞生了。拥有这项技术专利的天然色公司邀请迪士尼前往参观,使他兴奋不已。给动画片染上颜色是他多年的梦想,现在终于可以变为现实了。

他回到厂里便郑重宣布:"《花儿与树》必须重拍,而且一定要拍成彩色的!"

罗伊则痛心地指出用彩色重拍《花儿与树》会比原先的预算增加2/3,他提醒弟弟如果添加色彩的话,这增加的花费会毁了公司。但迪士尼并不在意哥哥的这番话。

影片拍到一半时,莉莲到厂里看到了未完成的样片,她对丈夫说道:"太美了,像诗,像画。我相信以前从来没有人见过这么好的电影。"

在得到莉莲的好评后,迪士尼把《花儿与树》的样片放给在好莱坞林荫道上经营中国剧院的格劳曼看。格劳曼担保这部片子会大获成功,就给他的剧院下次首映片订购了一部。

结果,《花儿与树》从评论界受到的欢迎比旧片热烈得多。但这也意味着他们今后必须全拍彩色片。这将大大超出他们的预算规模。但制片厂的收益仍大于投入,因为旧片加彩后效果强烈,常常使得放映周期超过一个多月,比以往的一部黑白片仅放映一周要好得多。同时,影片租金也成倍成倍地上翻。

1932 年 11 月，影人们投票承认迪士尼的特殊地位，这一年，《花儿与树》为迪士尼赢来一项奥斯卡最佳动画片奖。当天晚上，迪士尼的同行们为他创造出米老鼠而给他再添一份特别奖。从此，迪士尼的成就得到了政府的承认。

在迪士尼第二天收到的千万封贺信中，有一封令他感到意外，那是乌布发来的。迪士尼像上次一样，唯独留下了这一份。

创作《三头小猪》

1931年时，"米老鼠俱乐部"会员已达100万人，凡是有文化的地方，没有不知道米老鼠的。米老鼠的狂热也给迪士尼带来了滚滚财源。

迪士尼在1929年下半年去纽约和鲍尔斯谈判时才第一次了解到卡通图像可以给他带来一笔额外收益。当时有一个人到旅馆找到他，拿出300美元钱要求迪士尼准许他把米老鼠的像印在写字桌上。后来这种要求越来越多。

1930年2月3日，罗伊签下了第一张这一类的合约，授予纽约一家公司特权准许该公司制造及出售有米老鼠和米老鼠画像的器物。当这类物品售价在0.5美元以下时迪士尼公司就收2.5%的版税，如售价超过0.5美元则收5%的版税。后来这项权利转到瑞士一家工厂，制造出印有米老鼠图像的手帕。

1932年，来自堪萨斯市的一位广告商向迪士尼建议印售迪士尼卡通角色图像的商品并提高商品的质量。

迪士尼认为这个建议不错，于同年7月1日与该商人签约，由商人代表公司处理这方面的事务。第一笔生意就是准许一家食品公司生产1000万只米老鼠冰淇淋筒。

米老鼠图案似乎还真具有起死回生的特殊功能。如原来制造玩具电动火车的一家公司受到经济危机的冲击本已向法院申请要宣布破产，后来因制造带有轨道的米老鼠发条火车，在4个月之内售出25.3万部，幸免于难。

那么，米老鼠为何会如此受人欢迎呢？迪士尼认为米奇是一个好人，他常身陷困境到最后却总能化险为夷而且笑容不变。他又说米老鼠的个性源于卓别林，他们想让一只老鼠虽然小却要求具有小人物尽力而为的精神。

但是，迪士尼认为这米老鼠实际上更像自己，尤其是那独一无二的声音，是其他人谁也学不来的。此外，米老鼠也有迪士尼的冒险精神、正直诚实、缺乏世故及要胜过他人的童稚野心。

米老鼠的成功也使迪士尼制片厂逐步走出困境并有了一点甜头。1930年建了新的办公室，1931年又盖了一幢两层楼。迪士尼的办公室也变得更加漂亮了。

与此同时，制片厂内的人员也迅速增多，纽约许多资历深厚的卡通画家都加入了迪士尼的新阵容之中。迪士尼的卡通制作质量也随之有了更进一步的飞跃。在卡通角色方面除了米尼和米奇之外，笨狗布鲁图、贺瑞斯马和母牛克娜贝也都成了有名的角色。

尽管迪士尼还不满30岁，但他已在卡通这一行中摸滚跌爬了12年之久。在迪士尼的工作人员中，有的在纽约卡通行业中待得比他更久，年龄也比他大，不过大家都非常尊敬迪士尼，以他为老板。

迪士尼也有知人善任的长处。在迪士尼的领导下，工作人员有的成为杰出的卡通画家，有的则发挥了训练新人的专长，而且结交了很多朋友。

迪士尼的妹夫比尔·科特雷尔曾在回忆录中这样写道：

> 华特变得与斯潘塞·特雷西非常友好。实际上，华特很少邀请和他的家庭没有直接关系的个人到家里去做客，而他却这次请了特雷西。莉莲一般不喜欢有陌生人打扰她的隐居生活，华特在多数情况下也不反对她这样做。可是，我确实记得曾有好几次在他家里看到特雷西与华特的妻子在一起。
>
> 我认为有一段时间华特老是把特雷西看作是最好的朋友。

迪士尼不仅欣赏特雷西的演技，还喜欢他在银幕外的个人风度和涵养。两人还同样喜欢价钱很贵的苏格兰威士忌、红色的夕阳和马。特雷西是位优秀的骑手，他保护迪士尼，教他在打马球时找到较好的位置。

迪士尼成了一个马球爱好者，他坚持要求他的动画片制作者也都要学会打马球。他倡议每个星期日早晨都到格勒菲思公园里去上强制性的骑马课。这对那些唯一不用上班的一天也被老板占用了的职工来说，是个不大合适的命令。

当去制片厂参观的一些大牧场主邀请迪士尼参加他们的骑马俱乐部时，他立即同意和动画片制作者戴夫·汉德一起去，因为汉德凭自己的本领成了一名优秀的骑手。

迪士尼与汉德参加大牧场主一年一度的骑马旅行，越过桑塔·伊内兹放牧区，前往传教地区，大家在那里接受当地教士的祝福。

汉德在对迪士尼的回忆录中记录着这样的事件：

我很高兴看到华特喜爱广阔的农村，摆脱了办公室的忧虑。但有时我们还是应该带上桌椅好。华特会喋喋不休地谈他的新想法，最后总是告诉我有些新的或不同的管理方法已经奏效或者工作人员调动的情况，或者等我们回到"文明"世界最后要修改的计划。

有一天晚上当我们围坐在营火旁讲故事时，每天晚上为我们照料坐骑的牧场助手乔给我们讲述了他早年当牛仔的故事。

他讲的一段经历是在竞技表演集会上他被引诱到附近一个住着两个寂寞女人的牧场去的故事。这当然是和他迪士尼的清教徒的教养背道而驰的。我注意到华特凝视着营火，一副心不在焉的样子，很可能是在构思一部新的影片或者动画片。

第二天夜晚我们恰好单独与乔在一起，我让他把那段经历再讲一遍。这次，华特也听了，而且活跃起来，对每一个细节都感兴趣，笑得好像从来没有听过似的。有趣的是，我可以肯定他没有听过。

迪士尼买了6匹供打马球用的矮种马，准备把它们关到正在为他自己、莉莲和新雇佣人及另外一个人建造的一栋比较大的新房子的马厩里。

此后不久，莉莲说她怀孕了。

迪士尼公开表示对自己要当父亲感到非常高兴，他对朋友们说他很希望莉莲生个男孩。但在私下里他却大吃一惊，因为他一直认为自己没有能力使女人怀孕。这也是他在新婚的第一个夜晚便外出的根本原因。

在婚后的8年中，由于莉莲坚持要求，迪士尼同意接受一切可能的治疗，为了增加他被诊断为数量太少的精子。医生们虽然知道他有反复发作的阳痿毛病，但在报告中都没有说他有不育症。迪士尼接受的治疗方式之一是把他的生殖器一次冰冻几个小时并直接往甲状腺里注射肝精。

让迪士尼大为惊愕的是治疗显然见效了。随着莉莲的产期临近，迪士尼增加了原来就已经很多的饮酒量，他的慢性咳嗽加剧了，烟也增加到每天3包。

此外，他还会连续几周失眠，过去定期发作的面部痉挛及眼睛颤动也复发得更加频繁了。他像着了迷似的每个小时都要洗手，甚至一个小时要洗几次。在这种时候，他认为可以给他安慰和理解的就是斯潘塞·特雷西。

他们一起度过了许多个夜晚，把自己关在比弗利山庄旅馆的马球休息室里，那位演员在迪士尼由于就要当父亲了而激动得发狂似的颤抖不已时能使他镇静下来。

与迪士尼相反的是，莉莲一想到要当母亲就兴高采烈，认为这将有机会给她的生活增添某种意义，而这种意义自她嫁给迪士尼以来是一直缺少的。

莉莲出身于美国中产阶级中的一个工人家庭，她并不喜欢她所认为的能轻而易举地进入好莱坞的"上层社会"，而且再也不去参加任何庆祝"迪士尼奇迹"的盛大集会。这类集会迪士尼是每次必到的。

结果，迪士尼经常是只身出没于好莱坞各处，以致许多记者都不知道他已经结婚，常常把迪士尼描述为好莱坞最合格的单身汉之一。

尽管莉莲有时也同意回答一些书面的问题，或者允许制片厂的公关部门替她回答，但她几乎从不接受记者的采访。除了她的妹妹黑兹尔和罗伊的妻子艾迪娜外，她只有很少的几个朋友，她甚至一想到与一些不相识的人待在一间屋子里就会受不了。

最后迪士尼不得不在家里建一个私人放映室，使她们可以一起看他的影片。她从不举行任何形式的晚会，而且劝说迪士尼不要把客人带到家里。

迪士尼经常怀疑自己的生育能力，莉莲告诉迪士尼说，这次是经过医院全面检查后医生亲口说的。迪士尼让妻子住进了新居，以示关怀。

几个月后莉莲显出身子，这使迪士尼分外高兴。"我要做爸爸了。"他想，"我一定要拍一部动画片，献给莉莲和没有来到人世的孩子！"

同时，著名的摄影师克拉伦斯·辛克莱·布尔邀请迪士尼夫妇拍照。

迪士尼本以为莉莲会拒绝，但是让他感到意外的是，她同意了，声称自己一直就很欣赏这位摄影师的作品。但条件是在她家中的起居室里拍。

拍出的照片中，莉莲穿着一件旧式的白色连衣裙，斜倚在一个皮沙发上，迪士尼穿着西服、打着领带站在她身后。

两人没有互相看，也没有笑容。照片拍出的那种拘谨不自然、没有笑容的神态，按当时的一位好友的说法，这便是对他们8年婚姻生活基本情况的极好写照。

迪士尼为即将做爸爸而兴奋的同时，急于恢复拍摄电影工作，他的首要目标之一是帮助完善泰尼柯勒公司的工序和改进米老鼠的形体特征及动作。米老鼠原先的设计是用圆圈和管形的图形结合起来绘成的。有些动画人员把它描述为橡皮软管形。

迪士尼对他决定改变一般被认为是制片厂的特权的理由作出这样的解释：

> 米老鼠的生活与冒险活动是和我的个人生活及职业生涯息息相关的。这个小得可爱的角色在华特·迪士尼制片厂的发展过程中起过那么大的作用，影片在世界各地上映时，人们都很爱看，把它当作一个令人快乐的朋友。所以我特别喜爱它，对它有感情，这是可以理解的。它仍然是我的代言人，我也依然是它的代言人。

这是迪士尼公开谈起他和米老鼠的"关系"时最坦率的表白之一。当他说起他的这个动画角色时，好像它是个活灵活现的生物，这并不奇怪。他有点不好意思地承认他是米老鼠的代言人，这在过去是鲜为人知的，这并不奇怪。

创作者与角色有共生的表现已变得很普遍，或许最突出的例子应该是埃德加·伯根和他的木偶查利·麦卡锡。不过，伯根突出查利的并非"真实"的笑料的动作是由伯根本人表演的，而迪士尼的影片则全靠观众对创作者暗中巧妙地控制米老鼠的"真实性"的完全认可。

从某个方面来说，米老鼠当然是很真实的。它的有创见的、聪明的见解，爱好冒险的表现和英勇的行为，完全是最早促使它产生的查尔斯·卓别林的特质的回声。

同时，米老鼠对明尼的纯洁的爱和一直进行补救的天真的表现，都是小迪士尼对他最喜欢的讲故事的人，也是他最先爱的人，即对他母亲的真实感情的反映。

迪士尼决定给米老鼠换一个新形象，其相貌好像一个新生婴儿——大头圆肚子、小胳膊小腿，深沉又不失天真的基本特性。米老鼠的面部更具表情，尤其是它的眼睛更有神采，它的动作也要更加复杂。迪士尼还想改变米老鼠的性格，它自作聪明的态度被更为合理的幼稚所取代，举止更加文雅、彬彬有礼，不再是那么咄咄逼人了。

迪士尼大概就是想使米老鼠变得和原来不一样，获得五彩斑斓的新生。他要用一个显得非常逼真、"有个性的"、使全世界不仅觉得可笑而且喜爱的动画角色来取代对他自己童年生活概况的反映。

这样的改动很多，并会在迪士尼那些著名角色的身上重复体现，其实反映的完全是他自己生活的变化：从一个过着俭朴生活的无名的、受虐待的穷孩子，变成一个全世界都爱戴的、著名的、有独创性的动画片制作者。

迪士尼要改变同米老鼠的关系也许还有比较隐秘的一面。从某种意义上说，角色改得好，就意味着迪士尼起了作用，而现在它已被改得十分完美了。这就像做父母一样，当孩子长大成人，告别的时刻也就到了。米老鼠的形象已经誉满全球，使它有了自己的生命力。除了希望他创造的奇迹令人满意外，迪士尼无须再做什么了。

或者取消米老鼠形象。因为还有一种同类相争的意识在起作用，也就是在迪士尼和比他更受欢迎的动画映像之间存在一种属于自我陶醉的忌妒。

当迪士尼坚持认为"他仍然代表我,我也仍然代表他"时,也许这正是为了使他自己以及观众放心的表现。不过,在他的下一个大项目中大概不会再有与一个老鼠的形状或形式上有任何相似之处的角色,更不用说那个出名的啮齿动物了。它的出世已使创作它的人妒火燃烧,相形见绌。

那么,迪士尼为了寻找新的灵感,返回到他的童年时代也许并非偶然。这至今都是他伟大创作的源泉。迪士尼常常对向他提问的人说,他吃饭、睡觉甚至呼吸都想到动画片。

有一件事可以表明这句话的比较深刻的含意。一天晚上,他在凌晨两点多钟醒来,下了床,走到床边的小桌旁,很潦草地写下了"三头小猪"。

实际上迪士尼同他所有的创造性的新发现一样,又一次让他的无意识的行为作为他的向导。他梦见摄制了一部10分钟的影片"三头小猪"。这个梦和他想到米老鼠的灵感一样,来源于他记忆中与母亲和与查尔斯·卓别林的关系。

格林童话中有三头小猪的故事,它们的性格是通过它们盖房子的方法来表现的。两头小猪用的是容易处理、费时不多、轻而薄的材料,第三头小猪则很费力地用砖块和灰浆盖起了房子。

有一只狼来了,它把前两座房子都撞破了,但却撞不开第三座房子的门。这也是迪士尼的母亲在他小时候给他讲的一个故事。那个梦就是迪士尼在卓别林1921年的无声影片《小孩》重新放映后不久做的。这部影片主要是描写一个流浪汉和他"收养的"一个小孩之间的关系。

在《小孩》一片中,卓别林扮演的流浪汉在他家门口的台阶上发现一个被遗弃的婴儿，就把他收养了。影片在感情上吸引人也是因为它的真实场面有吸引力：多年后当地孤儿院的管理人员要把那个小男孩带回去安置时，那个流浪汉取得了戏剧性的胜利。

卓别林的反应是奋起反抗，像天使一样优美地在房顶上飞跑，截住孤儿院的马车，抢回了他的孩子。

迪士尼把猛敲流浪汉门的孤儿院管理人员的形象，变换成他的影片《三头小猪》的主要情节中的主旋律——门前的狼，这明显是剽窃。

当劳拉·帕森问起时，迪士尼回答说："唔，也许还仿效得不坏吧！"

情节第一次作为迪士尼影片中的一个重要因素。由于"三头小猪"的故事基本上是以叙述为主，而不是田园诗剧的形式，最终决定它们命运的还是构成它性格的因素，而不是它选来盖房子的材料。所以迪士尼正确地意识到必须找到一种确实能表现美德的方法。他不想用三个相同的角色来加强戏剧效果，而是用三种个性来加深它的意义。《三头小猪》表明迪士尼的动画片有了感情的色彩。

好莱坞另一位传奇式的动画片制作者查克·琼斯曾评论说：

> 在美国的动画片中，《三头小猪》是个转折点。华特的动画片"起初"是让角色的外貌来表现其特性——影片《威利号汽船》里的那个恶棍就是一个丑陋的大个子，男主人公则是个小家伙，而且每个角色的动作都一样。在《三头小猪》里，每头小猪的模样都差不多，但它们的表现不同，各有不同的个性。

为了让他的雇员明白他在追求什么,迪士尼命令反复放映《小孩》,强调实际上是那个流浪汉的个性,使他表演得出色,而且这些出色的表演也取得了良好的电影效果。

迪士尼继续指出卓别林在房顶上飞跑就是他超常的道德信念的动人表现。有时迪士尼会停止放映由他来表演《三头小猪》里的一些情节。

他简直就变成了那只大恶狼,隆起背,怪吓人地要撞破第一头猪的房子,然后又改为表演那头小猪的性格,吓得发抖地想阻止大狼进门。他一会儿扮狼,一会儿扮猪,来回变换了三次,每次都变换姿态来展现三头猪的特点:或是改变一条眉毛或者扭动身体,俯身弯腰,伸展肢体,咆哮、哆嗦、大笑、哭泣、祈祷,直至最后一头猪英勇地战胜恶狼为止。

迪士尼的表演令被他吸引的观众大为感动,有几个成年人在目睹表演后当众落了泪。一个看过表演的人曾回忆说:"他的表演简直和卓别林的表演一样好看。"

《三头小猪》的卡通片腹稿在迪士尼心中其实早已形成很久了。在乌布离开之前,迪士尼曾同他谈过构思,但却一直未曾付诸实践。他们解决不了一个问题,那就是在一部黑白片中,饿狼与猪相逢似乎太残酷了。狼显得太恶,而猪则太老实,任恶狼宰割。他俩都觉得故事的阴暗会使观众不喜欢。

要是加上彩色呢?迪士尼按他记忆中的农场中的"波克"的颜色,画了张彩色草图,附上一个梗概,剧本在全厂传阅,征求意见和构思。

刚从纽约到此的一位画家弗格森立马来到迪士尼的办公室,随手画了几幅漂亮的大恶狼。狼嘴里流着口水,而且凶狠,但弗格森却以其不同常人的幽默、机敏、灵巧之笔把它变成了某类可笑的恶棍,叫人看了发笑而非害怕。

画三头小猪的是厂里最年轻的雇员莫尔。他是一个自学成才的艺术家,喜欢在画报上随便涂画。他最爱画的是性感的姑娘,近似裸体,但却又总显得天真无邪。后来发现他还有一手画猪的本领。心有灵犀一点通,莫尔画出的小猪表现得如此富有人情味儿,以致迪士尼一眼就已相中了他的画。

《三头小猪》的拍摄始终是在迪士尼的指导下进行的。这中间有人提议要给影片配上音乐和歌曲,迪士尼高兴地同意了。这样,影片中的小猪就有了一首歌,叫作《谁怕那只大灰狼》。

迪士尼制片厂拍一部动画片一般要用3个月的时间,而《三头小猪》的拍摄只用了两个多月的时间。

《三头小猪》于1933年5月在无线电城音乐厅公映,观众反映不冷不热,这使得迪士尼大失所望。

"不要听他们的。"罗伊始终在鼓励着迪士尼。

于是,影片拿到了纽约,结果一炮打响,观众反映强烈,人们口口相传,《三头小猪》在一夜之间走红了。

很快,各地的广播电台纷纷派人前来接洽,要求允许播送《谁怕那只大灰狼》。

接着,这首小猪唱的歌很快就在街头巷尾流传开来,大大小小的乐团、歌舞团也都争相演唱这首歌,唱片公司也争着前来购买版权。

《三头小猪》终于成为20世纪30年代最受欢迎和最赚钱的迪士尼制作卡通片,它总是连续不断地同其他故事片一起上演,常常一演就是几个月。这也给了华特·迪士尼厂雇员中三位才子以施展才能的机会。两位卡通片画家成为好莱坞的名人,虽然他们在片头榜上默默无名,一直不为大众所知。

弗格森继续画了迪士尼的狗明星普路托以及《白雪公主》中的女巫。莫尔则成了画米老鼠的主力。

1935年他第一次画出了彩色的米老鼠。

1933年12月18日,莉莲生下了一个女儿,迪士尼为她取名为黛安娜·玛丽·迪士尼。

一周后即圣诞节那天,迪士尼在家中的婴儿室给莉莲看她自己的电影《三头小猪》。

迪士尼非常疼爱孩子,为了纪念宝贝女儿的诞生,在以后每一年女儿的生日这天,和他合作的电影厅都会免费为福利社的孩子们播放迪士尼的电影。

影片《三头小猪》的空前成功使卡通片事业及迪士尼都向前跨出了一大步。全国的剧院都把这部片列为保留节目,每次必演。

联美公司要求他们继续制作关于小猪的影片。罗伊不顾迪士尼的反对,答应了联美公司的要求,又制作了几部,但都不如《三头小猪》轰动。

对此,迪士尼风趣地对罗伊说:"你不可能用一头猪去战胜另一头猪。"

创作《白雪公主》

就在《三头小猪》走红的第二年,迪士尼创造的另一个动画明星唐老鸭诞生了。这一年是1934年,正式上映的时间是6月9日。

这一天,唐老鸭作为米老鼠的配角第一次出现在一部名叫《聪明的小母鸡》的卡通片中。

故事讲述米老鼠的朋友一只小母鸡到处找人帮忙种庄稼,但每次找到唐老鸭,它总推托说:"谁?我?啊,不,我肚子痛。"这也是唐老鸭在银幕上开口讲的第一句话。

但此时的唐老鸭尚未显露其个性化的特征,而且也未坐上主角的位子。直到1935年卡尔·巴克斯加入迪士尼公司,并为唐老鸭量身定做了第一部以它为主角的卡通短剧《现代发明》,终于使唐老鸭一举成名,登上了迪士尼卡通世界的"主角"位子,并从1937年起,它在报刊上开始拥有专利漫画栏。

尽管唐老鸭的原创者是属于迪士尼的,但是画家卡尔·巴克斯改进了唐老鸭的形象,使其身体变得肥大,嘴巴变短,鲜活的个性更加突出。而自巴克斯接手唐老鸭故事创作后,唐老鸭才被塑造成脾气古怪而带点神经质、有着完整的家族和生活网、生活平凡却不乏精彩的卡通人物，成为人见人爱、家喻户晓、具有世界声誉的"大众情人"。因而，人们将"唐老鸭之父"的美誉给了卡尔·巴克斯。

同时，唐老鸭又是迪士尼公司最著名的人物之一。他有一副热心肠，并且总是充满好意，而实际上他却总是非常急躁，爱发脾气，当然他的运气也不怎么样。他脾气火暴，好与人争执，喜欢夸大事实，经常抱怨生活中的小事和不如意的地方。而正是因为这种性格，注定了他的生活中各方面总是屡遭不顺。他是个失败者，却不是个懦夫，因为他总是在努力抗争。

不过，正是因为唐老鸭的这一种人性的真实体现，而有别于完美的米奇，使他的定位非常独特，也让他成为非常流行的人物。据说在某些国家，某个时期，唐老鸭的流行程度甚至强于米老鼠！

后来，随着唐老鸭人物的塑造成功，他的女友黛丝和三个外甥等也陆续登场，并获得了人们的喜爱。不过，这些都是1937年以后的事了。

在1934年初，唐老鸭人物创作前，当时美国经济不景气，电影院被迫一场放映两部片子。这样一来，影院放映卡通短片的时间就少了。尽管迪士尼又创造了一批惹人喜爱的卡通形象，像《诚实的布鲁图》《机灵的小精灵》和《唐老鸭》等，深受观众喜爱，甚至比长片更能吸引观众。但由于缺少放映机会，再加上卡通片的制作成本也不断提高，这对迪士尼公司来说无疑是雪上加霜。

在这种情况下，迪士尼公司上映的《春之女神》又被《好莱坞公民新闻》发表的一篇评论否定后，迪士尼身心受到的压力更大了。几天后这家报纸又发表了一封反驳那篇评论的匿名信，信写得很长，也很松散：

你们的戏剧评论家伊莉莎白·耶曼和她于4月13日星期六在贵报上发表的那篇关于华特·迪士尼的有错误的文章是引起这场论战的原因。

她把他的一张照片撕掉了，对此我并不在意。但她批评的主要论据就是：华特没有按照这篇童话的原意，逐字逐句地去领会；她对幕后不为外人所知的情况表现的宽宏大量的态度也是令人满意的——但是……

耶曼小姐毫无道理的，或者说在根本不了解华特的情况下——不了解他的性格、习惯、对工作的态度，也不了解他的雇员——猛烈攻击华特，含沙射影地诽谤他让胜利冲昏了头脑——让供打马球的接种马和游泳池破坏了他的理想主义的激情，挤掉了他的工作，还有许多更无根据的哗众取宠的谬论。

我为华特工作，与他共事已经有三年，所以我也许能够澄清耶曼小姐对他的种种歪曲。他这个人干工作比制片厂里的任何人都更勤奋。他早上八时到厂，至于什么时间离厂只有天晓得，晚上和假日他都回到厂里。他所有的社交活动、体育运动、家庭、每一个人及每一件事都服从于他的工作。

华特在三年里使职工人数及拍片费用增加了一倍。他主张在工作时间开设编剧课和美术课，每个故事一开始他就亲自抓制片，这些事实都与耶曼小姐把他说成只是拍手旁观的提法不相符。

与他共事的人都是凭自己的本事干活的艺术家,但若没有华特的灵感和调节的力量,没有他坚持不懈地提高影片质量的顽强决心,没有他善于更好地发挥雇员的特长的能力,这些艺术家作为个人也许显得很出色,而影片则可能成为大杂烩。

我还可以一直讲下去,但我只是想说明耶曼小姐是在完全不顾事实的情况下发了一通牢骚。我很高兴能指出耶曼小姐的错误。我的意见只是部分反映了制片厂里的雇员的主要感受。

华特的画家

制片厂里的画家一致认为那封信就是迪士尼自己写的。四天后,又刊登了另一封信:

耶曼小姐,真丢脸!你竟敢写文章批评华特的影片?其实,你怎么能那么蛮不讲理,居然认为华特的动画片不是尽善尽美的呢?你什么情况都不了解吗?你不知道写文章不热情赞扬华特先生是有点亵渎吗?

我只能说我很吃惊:我好像着了魔一样,又产生了这个老问题:世界将变成什么样子?你在新闻工作中暂时不顺心的时候并不孤单。你还有打字机和你在一起。哎呀,天哪!

假如今后你看到一部华特的动画片有一点点"毛病",你就每天上百次地对自己重复说:"这部影片一定好,它是华特的动画片。"假如你能听从这个简单的劝告,你就会发现很容易变得赞成在星期五的报纸上发表长篇大论的那个"华特的画家"的观点。

华特以前的画家

迪士尼对第一封信没有什么明显的反应，但第二封信却使他大发雷霆。尽管他坚持这封信是伊沃克斯写的，但大多数职员都认为真正的作者是阿瑟·巴比特。大家都认为他在拍摄《白雪公主》期间受到过不公的对待，所以他要报复。

最后，到了1937年末，经过近4年艰苦尝试、试验以及在艺术和资金方面的危机后，影片的摄制工作似乎已接近尾声。同时，迪士尼最初与艺术家联合会达成的发行协议也快到期了。

为了继续做好安排，艺术家联合会通知迪士尼说，他们希望他签约出让今后由电视放映他的全部影片的权利。虽然当时迪士尼对电视一无所知，甚至从未听说过，但他坚持他长期固守的立场：保有他所有影片的版权。

因为达不成协议，迪士尼与艺术家联合会的关系就中止了。随后，迪士尼就接受了瑞柯制片厂提出的条件，包括提高所有短片的预付金，并保证不必预看样片，发行《白雪公主》。

虽然这家制片厂名声欠佳，是大制片厂中管理最差的，迪士尼还是和他们成交了，因为他别无选择。不过，失去了艺术家联合会的资金支持，对《白雪公主》的最后摄制工作是个威胁，由此，也影响了制片厂的整个计划。

要找一个新的发行商的压力使迪士尼变得更加紧张，但无论如何，他决定继续拍摄尚未完成的《白雪公主》，并且要拍摄成功，以回敬那些在报纸上奚落、诽谤他的对手。

期间，罗伊出于对他弟弟更加严重的神经状态的担心，已从他第一次精神崩溃的情况中得到了启发。他连续几周时间试图把迪士尼从制片厂日常的压力下解脱出来。罗伊终于从《三头小猪》在全世界连续获得成功中找到了出路。当时这部影片在苏联国际电影节上获得了三等奖。

果然，迪士尼得知获奖的消息之后，精神为之一振，并且答应和全家人一起去欧洲旅行。

在欧洲各国，迪士尼所到之处都受到盛大欢迎，人们向他欢呼，好像他是皇帝似的。大家对他的奉承是减轻迪士尼神经紧张的有效缓冲剂。他脸上的抽搐似乎一夜之间就消失了，烟也抽得少了，头发也不脱落了，他常给观众留下的那副彬彬有礼的笑容一下子又出现在他的脸上。

他们每到一地，迪士尼的名字都会以大写字母出现在电影院门口的广告栏上，以欢迎他的到来。

欧洲的新闻界宣称，迪士尼是自查尔斯·卓别林以来最伟大的美国电影制片人。国际电影界、文学界、宗教界、科学界及政界的知名人士都期待着能有幸与他见面。

在英国，迪士尼与皇族一起用餐，还单独会见了韦尔斯；在罗马，他得到教皇和墨索里尼的单独会见；在巴黎，国际联盟授予他一个特殊的奖章，而迪士尼则是用米老鼠的声音接受的。

3个月后，重新振作起来的迪士尼回到好莱坞，准备要他的工作人员拼命干上10周，努力完成《白雪公主》的拍摄工作。

《白雪公主》是第一部动画长片。白雪公主和7个小矮人的故事是一个古老的民间传说，讲的是美丽的白雪公主遭到后母的妒忌，趁国王不在家，狠心的王后命令猎人把白雪公主带到森林去杀掉，但猎人不忍心，告诉白雪公主逃往森林。

白雪公主在森林里得到居住在那里的7个小矮人的救助，从此就和7个小矮人生活在一起。

可是，王后有一只魔镜，她通过镜子得知白雪公主没有死，于是一再加害，终于夺去了白雪公主的性命。后来一位英俊的王子来到森林，见到死去的白雪公主，立即爱上了她。爱情的力量使他救活了白雪公主，两人便结为伉俪。而凶残的王后最终也受到应有的惩罚。

迪士尼觉得这个故事颂扬真善美、鞭打假恶丑，而且故事曲折，不仅有趣，还有抒情与浪漫的情调，这一切都是一部好的动画片所必需的要素。

一天晚上，迪士尼在制片厂等着吃饭回来的画家们。他让大家围成一个半圆圈。然后，他按照自己的思路讲出了白雪公主的故事。

迪士尼花了两个小时来完成他的表演。当他演到故事的最后高潮，白雪公主被王子吻醒时，在场的画家眼里都满是热泪。

迪士尼宣布这就是他们将要摄制的第一部卡通长片，并且马上开始制作。尽管如此，但还是有不少人心存疑虑。因为他们从来也没有拍摄过动画长篇，而且拍摄这样的长篇动画，将耗费大量的资金，甚至会导致公司的倒闭。

至1934年下半年，迪士尼已把原来的故事草拟成一个剧情大纲。白雪公主的外形是按一位14岁的女孩儿的模样描绘的，王子则以一位18岁的男孩做模特儿。皇后是贵妇和大坏狼的混合体，她美丽而邪恶、成熟，曲线突出。当她调制毒药时就露出她狰狞面容，魔液使她变成了一个老巫婆。她的言行俗气而夸大，有点荒谬感。

7个小矮人各不相同，每个小矮人都有一个容易辨认又讨人喜欢的特征和个性。迪士尼发现要确定7个小矮人的形象很不容易。他于是按照他们的特点先定出名字来，列出了一张单子："快乐""瞌睡虫""博士""羞羞""神经""怪人"和"耳朵"。在每个名字后面他又加上详细阐述。

在拍摄《白雪公主》的过程中遇到一个技术问题。原来拍摄的动画片都是平面的，这在8分钟的影片中还看得过去，而在80分钟的长片中就显得单调了。

迪士尼解决的办法是"多平面摄影"，也就是设置好几层画面，利用摄影机的焦点去串通各层画面，这样就产生了和拍真人一样的效果。后来这一技术为迪士尼赢来一项奥斯卡金像奖。

《白雪公主》工作小组仍在不间断地研究故事里的角色和故事，"神经"被改为"喷嚏"，而第七名不够聪明的小矮人"耳朵"则被命名为"笨瓜"。

在几次会议中，编剧人和卡通画家都纷纷提出了各种意见，但总是以迪士尼的声音为主，他指出了演出对话和动作的要领，还提示了摄影的角度。他也把他的亲身经验提供给影片当作内容。

有一次在野外露营，四周的鼾声使他无法入睡，这些鼾声最后就变成了电影里小矮人的鼾声了。

1936年，迪士尼集中了手下所有杰出的人才来摄制《白雪公主》。他亲自监督和指导每一阶段的工作，征求大家的意见并参加观看试片等一系列的工作。

拍摄完毕后，《白雪公主》的制作费用超出了原计划的3倍，花了将近200万美元。很多人都认为这部片子一定会使迪士尼"破产"，称之为"迪士尼蠢事"。联美公司对这部卡通长片也不感兴趣。

但是，迪士尼兄弟的好朋友，美国最大的电影院"无线电城音乐厅"的经理凡·舒莫斯对这部影片却很有信心。他是付出最高的租金来放《米老鼠》和《胡闹交响乐队》的人。他每次到好莱坞时，一定会去迪士尼制片厂一趟。

他看过《白雪公主》毛片后，说："这一定会成功，我的音乐厅一定要放映。"

美洲银行的一位名叫约瑟夫·罗森堡的董事是个米老鼠迷，迪士尼制片厂所需的巨额款项就是通过他得到的。

刚开始，约瑟夫·罗森堡心中也没有底，而且他的朋友以及美洲银行的董事会都在向他施加压力，并全力劝阻他不要再给迪士尼的《白雪公主》借贷。

但是，当他看完了《白雪公主》的样片后，说道："好极了！这是一部特别好的影片，我对它满怀信心。我愿意向董事会提议借钱给你们拍完它。"

迪士尼和联艺公司的合约在《白雪公主》快完成的时候到期了，联艺公司坚持要享有把卡通影片租给电视放映的权利，迪士尼坚决不答应。

这时候，RKO 公司向他们提出了较好的合约。迪士尼于是和 RKO 公司签订了合约，由他们来发行《白雪公主》。

1937 年 12 月 21 日，由 200 万张图画组成、长达 83 分钟的《白雪公主》在洛杉矶国泰环形剧院首映。这是动画片第一次像故事片那样单独放映。影片大获成功，当电影结束时，观众起立欢呼，掌声经久不息。

《白雪公主》在 3 个星期内打破了无线电城音乐厅票房的最高纪录。7 个小矮人，尤其是"笨瓜"立刻成为大众喜爱的偶像。电影中的歌曲，尤其是《嘿哟！我们上工去》和《工作中吹口哨》更是每家电台都在广播。

《白雪公主》发行6个月就帮助迪士尼兄弟还清了所有的债务，第一次发行就赚了800万美元。这极为难得，因为当时电影票价只有2角3分钱；而大部分观众都是小孩，每次只收1角钱。

另外，在《白雪公主》拍完时就发生过这样一件事：

为了对全体职员的辛勤劳动表示谢意，迪士尼在加利福尼亚北部的纳科湖畔举办了一个免费的周末答谢招待会，邀请所有参加拍片工作的雇员去与迪士尼夫妇及他们的两个孩子一起过周末。

按照迪士尼的设想，这是两天聚会，安排的活动有徒步旅行、游泳、烤肉和做礼拜。

实际上，当时的活动更像古罗马人的一种宗教节日活动。经过了近4年高度紧张的工作，多数是单身的青年男女们——职员的平均年龄为26岁——想放松一下。

在这次聚会中，迪士尼特别规定员工们是不许喝酒的，可是，在聚会开始后不久，这条规定就被完全置之不理。

大家在一起喝酒、吃肉，在明月下纵情欢乐。到了午夜，那些模特儿、着墨工、上色工、秘书，还有私人助理都急切地奔忙于动画画家的一个小小帐篷和小木屋之中。到黎明时，大部分人结伴赤身裸体地跳进湖里游泳，结束了这一夜的狂欢。

可想而知，迪士尼气坏了。星期六一大早，迪士尼什么话也没说，收拾好行李，带着莉莲和两个孩子开车回到洛杉矶。

他再也不提纳科湖畔的事情，也没有人敢在他面前谈起。迪士尼认为，他的职员们的这种表现是不可饶恕的，并准备开除几十个人。要不是罗伊说服了迪士尼，使他认识到当时有三部新故事片正处于不同的摄制阶段，厂里少一个动画画家都不行，很可能就会发生大批解雇的事件。

迪士尼不知道罗伊已经了解到这样的情况：职员们已经私下决定，哪怕有一个人由于在纳科湖发生的事情被解雇的话，他们就要全体辞职。

还有，由于好感情用事，迪士尼看不到他的工作人员在那个周末的表现具有更加深刻的含意。

这些人把他们的职业生涯开始的四年都耗费在那件最困难的工作上，已经干得筋疲力尽，由于个人得不到承认而感到心灰意冷，又为迪士尼只奖赏他喜欢的人的不公平的薪水结构感到愤怒。

而且由于在一个靠社交娱乐和纵欲繁荣兴旺的城市里要受到制片厂的教区行为准则的限制，这种愤怒的情绪变得更加强烈了。虽然迪士尼的雇员表示抗议的时间、地点和方式是独特的，但背后的情绪却并非如此。

发售投资股票

《白雪公主》使迪士尼获得了一座带有7个小金像的金像奖。

迪士尼每年都去参加金像奖的颁奖典礼，并且通常都会带回来一个奖，但他总觉得参加这些公开的场合很不舒服。成名之后，迪士尼到公共场所总是被人认出来，他不喜欢这样。

《白雪公主》的成功，很明白地指出短片仍应继续摄制，但长片应成为创作动力的中心，这就是迪士尼应走的新的方向。

迪士尼继续扩大他的公司，赫伯龙制片厂继续扩建，甚至延伸到了对面的街上。迪士尼兄弟又以10万美元买了一块51英亩的地，位于博班克好景街，准备建一座新的制片厂。他们继续吸收更多的艺术家，希望将来能够同时摄制几部卡通长片。

1936年的除夕，迪士尼和莉莲的第二个女儿休伦·玛出生。迪士尼虽然成为一个成功的制片家，但他很少和好莱坞的人打交道。有时候，他和莉莲到制片厂去和同事以及他们的太太打羽毛球；有时候，他们就请了亲戚和制片厂朋友，在家里举行宴会。

1938年元旦，是迪士尼家伊利亚斯和弗洛拉的金婚纪念日，他们的儿子都聚在一起为他们庆祝。在此之前不久，迪士尼和罗伊在好莱坞靠近罗伊住的地方买下了一幢平房。他们一个劲地说南加州的气候好，终于说服了父母，把他们从波特兰的小公寓里接来了。他们越来越关心他们的父母。

可是在老迪士尼夫妇搬入新房不到一个月，也就是1938年11月26日，母亲因炉子漏气窒息而死。迪士尼为此遗恨终生，因为她是死在罗伊和自己为他们买的房子里的。

这时，赫伯特和妻子、女儿都住在洛杉矶，仍在邮局工作。雷蒙德已从堪萨斯市搬到西边来经营一家保险公司。露丝则和她的丈夫、儿子仍住在波特兰。

由于《白雪公主》的成功，发行商们要求迪士尼制片厂再继续拍一些以7个小矮人为主角的影片。可是迪士尼不愿意总是做重复性的工作，他希望每一部影片在风格上都能有所不同。他要按照自己的想法拍摄新片。

第一部是《木偶奇遇记》。这是一个以木偶和歹徒为题材的故事，是罗兰西尼1880年写成的。迪士尼企图把它拍得比《白雪公主》更好一些。

摄制过程一如既往，先由迪士尼说出他的构想和情节，然后征询大家的意见。虽然里面有许多冒险的情节，但这个故事缺少了《白雪公主》里面的许多吸引人的角色，而且木偶本身更是一个让人头疼的问题，因为他的动作必须简单、呆板、面无表情，而不能像正常小孩子那样灵活掌握。

影片摄制了6个月后，困难越来越大，迪士尼不得不暂停影片的摄制，另找一个年轻的设计师把木偶修改得更近似一个男孩子，而且把他的长条形改得比较圆一点，然后才又重新开始摄制。

迪士尼重读原著，发现原著中有一个不大起眼的小角色，那是一只蚂蚱。它曾经劝匹诺曹不要太任性，却被匹诺曹给踩死了。迪士尼决定给这个角色起名叫做蛐蛐，让它来做匹诺曹的良心代言人，让这个木偶真正成为一个具有心灵的小男孩。

蛐蛐的出现，使影片面目一新。匹诺曹由木偶变成人的过程，实际上就是获得一颗人的心灵的过程，于是小木偶匹诺曹终于变得讨人喜欢了。

和《木偶奇遇记》同时拍摄的还有另外两部长片，一部是《幻想曲》，再一部是《小鹿斑比》。

《幻想曲》拍摄完毕后，光是用于音响上的费用就超过了40万美元，而总的费用则到达了220万美元。

这时的旧制片厂再也容纳不下同时拍摄3部长片和定期发行短片的工作任务，因而《小鹿斑比》工作小组只有先搬到一处租来的地方工作。而其他一些剧本的研究编写组、宣传组、工程组、漫画组以及训练组，则都迁到另一地方去了。

1939年8月，新制片厂落成，公司的一些部门开始迁入；到当年的圣诞节时，整个公司的大部分都已搬入，只有个别部门等到来年春天才能搬完。

为了早日把《木偶奇遇记》搬上银幕，迪士尼把他认为最有才华的画家组成了一个摄制小组，最后又出人意料地增加了他的老合作人乌布。

乌布是1940年初在拍摄工作开始前返回的，迪士尼让他负责管理厂里的技术研究部门。

乌布接下这个职位后一直干了3年，直至无法再继续工作。乌布设法改进多层次的制作法，用这种方法可以把绘好的图拍摄成许多层次，形成立体感。这种技术对《木偶奇遇记》栩栩如生的风格非常重要。

1940年2月，《木偶奇遇记》终于上映了，总耗资在300万美元以上，在已摄制的动画片中是开支最高的。这部影片在纽约首映时，迪士尼雇了11个侏儒装扮成木偶皮诺曹的样子，要他们在戏院大门罩的顶上蹦蹦跳跳以吸引观众。

午饭时有人给他们送去食物和饮料，其中还有酒。对此，迪士尼却并不知晓。到了15时，情况变得不可收拾。一群看热闹的人见到11个侏儒在百老汇大门顶上大声喧闹，嘻嘻哈哈地玩掷骰子赌博，觉得特别可笑。

最后警察从梯子爬上去把他们装在警车里带走了。迪士尼决定在其他城市再也不搞这样的庆祝活动了。

由于影片成本费太高，《木偶奇遇记》并未能像《白雪公主》那样立竿见影。再加上1000多名职员，计划要拍的短片，同时在拍的两部大型故事片以及新厂开业，所有这些因素导致迪士尼制片厂再次陷入财政混乱的困境之中。

1939年9月，第二次世界大战爆发，迪士尼制片公司的兴旺也随之而告一段落。迪士尼制片厂45%收入是来自海外的。由于德国、意大利、奥地利、波兰和捷克被卷入战争，当然不可能再购买来自美国的动画片了，这使得迪士尼制片厂蒙受了极大损失。

在美国国内，虽然战争还远在欧洲，但美国政府也加紧了战备，年轻人纷纷入伍，生活节奏加快了，人们没有闲暇时间到电影院去观看动画片，这也导致迪士尼制片厂的收入下降。

经过一系列的挫折，迪士尼意识到他应该收敛一下制作卡通长片的野心了，于是他开始以比较实际的成本拍摄另外两部影片。但只有一部《小飞象》为他盈利85万美元。

迪士尼制片厂重新陷入了债台高筑的困境。罗伊原指望靠几部长片的发行稳稳地赚上一笔，而现在他却不得不面对450万美元贷款的巨大压力。还债的日期迫近，银行不断打电话来催问，罗伊无计可施。

罗伊找来了迪士尼，说明了公司资金的严重问题。迪士尼说："哥哥，你想想过去，还记得我们14美元都借不起的情形吗？我们现在竟能够欠得起450万美元，比起以前的那段穷困潦倒的日子，情况倒还真的可以！"

罗伊听了顿时愁眉为之一开，也大笑了起来。

笑过之后，他们又开始商量起了下一步应该怎么办。

迪士尼把头转向哥哥："嗯，你有什么好的想法吗？"

罗伊略皱一下眉头，很认真看了看弟弟，然后慎重地建议道："看来我们要发行优先股票了。"

在迪士尼看来，一旦发行股票，今后的许多重大决策就必须征得股东们的同意，这无异于自缚手脚。而罗伊也正是想用成立股份公司来限制花钱没有节制的迪士尼。

尽管迪士尼很不愿意在以后的日子里要听股东们的意见，但到了现在的局面，他再也无话可说了。

于是，他只好对着罗伊耸耸肩，做出一副无所谓的态度，勉强接受了这个建议。

1940年4月，迪士尼制片厂公开向社会出售股票。股票很快就被销售一空。

迪士尼兄弟用卖股票的钱不仅偿还了450万美元的贷款，而且还因此得到了一大笔的流动资金。

迪士尼制片厂从此打开了新的局面。

与艰难险阻斗争

公司的资金问题得到了缓解，但在对公司员工的管理问题上，也使迪士尼颇费周折。他必须恰当地处理这些微妙的问题，甚至应对一些别有用心的人对他的诽谤。

很多员工认为自己的发明创造以及劳动成果被迪士尼一个人占有了，都抱有抵触情绪。特别是在荣誉问题上，迪士尼被认为是贪婪地攫取荣誉，所有影片都是以"华特摄制"的名义发行的。

迪士尼越出名，那些认为自己的贡献被忽视了的人就越不满。也许是出于报复，以前的一些谣传又开始从制片厂重新传遍好莱坞，说迪士尼不可以那么多地签他自己的名字——那著名的花体签名是制片厂的标志，也是已经离去的伊沃克斯的许多未得奖赏的创作的标志。

事实上，迪士尼的确让他的一个画家——但不是伊沃克斯，根据他的签名绘制过一个公司的标志样式，要比迪士尼本人的字体漂亮一些。他对此很得意，每当要他签名时，就总是按照已经练好了的那个样式签上他的大名。

据莱斯·克拉克说，迪士尼"没耐心去掌握将一些画面互联系起来的技巧……不管什么原因，反正随着动画片制作技术的进步，迪士尼对这方面的了解也越来越少了。他清楚一个场景应当有多少组成部分，也知道应该怎样表演和怎样解决场景不合适的问题，但是他却不能坐下来作画以表明他的想法"。

阿瑟·巴比特曾回忆说："实际上他除了是个大编辑外，对制图术、音乐、文学一窍不通，真是什么都不懂。他常常不清楚他追求的是什么，但是，他能发现一部作品有问题。他经常说不出问题在哪里，也无法告诉你怎样解决，但只要有错误他就能发现。"

沃德·金布尔也有同感："他画得不太好，但是如果不能引人发笑他就知道存在什么问题。他是个伟大的笑话作家，对故事情节的描绘有很强的理解力。"

以下是关于影片"愚蠢的猪"的故事情节的讨论会的纪实。

迪士尼：你也许需要估计一场疯狂追逐的意义，和这里的材料对比一下，就是第二幕的末尾。

杰克·芬尼：那样太狂热了。我们不要那么长。只要插进几个小笑话，炮声就响了。

迪士尼：赶快！他匆忙地逃走——末尾的笑话——他拼命地跑——老虎抓住他，那股劲使它们两个都向后倒。炮声响了……接着就出现荒芜的森林。它们两个都跳了起来，而当它们卧倒时，都失去了知觉。完全是因为爆炸作画的最后一幕是有趣的。如果去掉一些会起妨碍作用的细节会更好。从小兔子拥抱直接转入最后一幕。

第二幕就有容易造成拖沓的材料，末尾的部分，那里有一个停顿——老虎把它当小猫似的玩弄。我就在想，它会干什么呢？会把古菲的鞋底撕开？会咬他的脚？老虎只能舔它的脚，古菲在忍受……可笑。

杰克：我们可以给那个粗野的舌头来个特写镜头……沙纸效果。

迪士尼：我认为老虎逗它可能只是为了取乐。它在那里干什么呢？吃鞋子吧？古菲被老虎钳住时又在干什么呢？我不知道古菲能否有办法对付老虎。

杰克：就像猫和老鼠的情况。我们不需要多解说。

迪士尼：你怎么办？就让那么多双眼睛盯着？你可以插入，近拍一双眼睛。也许你来一个特写镜头——那些眼睛仍在黑暗中，一根火柴擦着了——显出了大象和古菲。古菲在点烟斗，然后灯光出现，它们就像在黑幕前……对，接着是鸟叫声，呱呱呱，各种有趣的声音。

在那样寂静的地方你们听到了什么？试试不时有树枝上的细枝折断的声音，以及诸如此类。让吼叫有回声，然后又只有寂静——可以有一些树枝折断的声音。要显出寂静，需用一些能形成对比的细节来制造气氛，用几下非常短暂的声音使人听起来感到寂静……

迪士尼对一直谣传他缺乏绘画技巧而感到心烦意乱。这种传说的起因很多，如果要加以区分的话，可以说涉及他的艺术魅力的较少，和他的情绪特点相关联的则较多。

由于他自称就像是他亲自挑选的职员的父亲，坚持认为这些人与其说是雇员,不如说是一家人,那些谣传加重了一直使迪士尼感到烦恼的一个忧虑:不管他工作多么努力和取得了什么样的成就,都不会表明他和自己的父亲有多大不同,似乎只能证明他实际上和伊利亚斯十分相像。

那些谣传影响了他的情绪,以致他不能清楚地认识到这些谣言实际上的起因:这是一群职员最初因为迪士尼不承认他们所作的贡献而没有给予正当的报酬感到气愤不满的呼声。在这个领域里,公众认可就意味着应该增加工资,所以迪士尼的动画创作人员深感上当受骗。

当时,好莱坞当地的一家报纸发表过一封信,询问是谁创造了小猫费利克斯——是帕特·沙利文还是迪士尼。

对这个问题的答复是职员们对立情绪越来越强的典型表现。一周后,这家报纸又刊登了一位匿名的迪士尼动画片制作者写来的这样一封信:

> 对"斗士"关于小猫弗利克斯的问题的答复:
> 我可以肯定小猫弗利克斯是帕特·沙利文创作的。华特创作了米老鼠。这个角色由乌布·伊沃克斯加以修改。乌布创作过普卢托、母牛卡拉贝尔,我想还有佩格莱与彼得,最后都被用在华特的影片中了。
> 从创作米老鼠以来,华特的个人功绩主要在于运用他在制作、经营、宣传和导演方面的能力,而不是他实际上做了哪些由他签名的事。报纸上的连环漫画不是他画的,动画片也没有一部是他画的。整个绘制工作都是由其他人在他的指导下完成的。尽管多数荣誉归华特,

但也有很多应该属于那些做实际工作的人。影片毕竟是他们制作的。

一个动画片制作者

迪士尼的一个动画片制作者在大家吃午饭时朗读了这封未署名的信，人们大声为他喝彩。

这种少见的公开表现同事间友谊与真诚的情景，与职员们常见的泄愤方式形成了鲜明的对照，因为他们可以在不被抓获的情况下多少能打破迪士尼的一点"家规"。

这些规矩包括在制片厂内不许饮酒。这一条对迪士尼是不适用的，他经常下午在办公室里关着门喝酒。尽管迪士尼怀疑有些动画片制作者在工作地方藏着酒，但他只是装作没看见。

不过，他对在妇女面前用词要恰如其分这一点是很坚决的。他希望他的动画片制作者在任何时候举止都像绅士一样。有人有时当着迪士尼的面，在男女都在场的情况下不经意地讲下流话，结果总是立即被开除，根本不考虑开除会给工作带来什么不便。

迪士尼虽然对他的男雇员厉行严格的纪律，但对制片厂的女性办事员、着墨工和上色工则总是彬彬有礼。因此，妇女们都很喜欢他，也同样喜欢有人描述过的他那服饰雅致、优美的外表，特别是另一个人所描绘的他那"埃罗尔·弗林式的一撮小胡子"。

迪士尼充分显示了自己在动漫制作方面的专业能力和独特、敏锐的洞察力，在行业发展中更有前瞻性和主动性。同时，他更注重对员工的管理了。

接踵而来的是，在20世纪30年代末期，全美国各行业不同程度地受到了组织工会问题的纷扰，好莱坞电影制片厂也不例外。

罗斯福的"新政"使工人和"全国劳工关系理事会"联合了起来。这时候,美国刚度过了经济不景气的大恐慌,工人都在寻求更多的工作保障。

当时,电影界的大亨们对工作人员都是随意处置的,电影工作人员对这样的作风很不满,因此除了卡通画家外,其他的工作人员都纷纷组织了工会,并开始想办法把卡通画家也组织起来。

由于欧战,迪士尼公司的财务状况不好,于是公司内部就有大批裁员的谣言流传开了。当时,迪士尼公司内部的状况已有了很大的改变,以前人不多,现在已经增加到1000多人。

迪士尼在以前人少的时候,可以顾及每个人,现在不行了。因此,有些人觉得被忽视了,有些人则感觉工资太低。

于是,对于谣言的流传,公司有部分人就认为唯一的保障方式就是组织工会。

这时候,"电影卡通画联合会"及"电影卡通画家协会"就想把迪士尼的卡通画家组织起来。协会的领导人是赫伯特·索罗尔,一个强悍的左派人士,善于策划罢工和打官司。他给好莱坞带来了极大的骚动。

一天,索罗尔告诉迪士尼说迪士尼公司大部分的卡通画家都已经参加了他的协会,并威胁迪士尼签一份合同,否则就发动罢工。但是,迪士尼拒绝了。

1941年2月,迪士尼召集他的工作人员开了一次会,他决定直接把这件事公开让大家知道,他警告说:"我们正面临着一个真正的危机,这个危机将严重影响我们全体的生存。"

在大会上,迪士尼向大家述说了他从事卡通电影事业20年来所经历过的风风雨雨。

迪士尼讲到了他困难的时光，他和罗伊怎样把车子卖掉，当时是1928年，他们把一切东西都典当掉，用以支付员工的工资；1933年，他拒绝了和其他制片厂一起采取减低员工工资一半的一致行动；他在过去的7年里，拿出了50万美元来支付员工的红利和加薪；他和罗伊本应各得250万美元的股利，但他们把钱留了下来，又投资到公司里去了。

迪士尼之所以把自己的经历告诉大家，就是希望大家对他能够充分信任：他所做的都是为了公司的利益，为了全体人员的利益。他希望得到员工们的理解和支持。

然而，迪士尼的会议谈话似乎并没有起到多少效果。因为索罗尔已经组织起了"电影卡通画家协会"，并发动他们出来罢工了。

1941年5月29日，一队"罢工工人纠察队"站在制片厂门口，阻止员工上班。迪士尼发现这件事以后十分惊讶，索罗尔宣称已获得大部分迪士尼的卡通画家的支持。但是，实际上还有60%的人在继续工作。

罢工延续了几天，但其他工会的人没有理会纠察队的阻止，继续上班。于是，索罗尔又在天然色公司制造罢工，使得迪士尼公司无法在天然色公司冲印影片。

迪士尼面对这种状况，不得不与他们谈判，寻求解决的办法。最后，他对罢工工人发表了一项达成复工协议的条件：

致我的举行罢工的雇员们：

我认为你们有权利知道你们今天没有上班的原因。我向你们的领导人提出过下列谈判条件：

1. 让所有的雇员恢复以前的工作。

2. 不会受到歧视（差别）对待。

3. 承认你们的工会组织。

4. 只雇用你们的工会会员。

5. 罢工期间的工资按50%补发，这在美国劳工运动中是从未有过的。

6. 增加工资，使你们达到动画片业中最高的工资级别。

7. 带薪放假两周。

我相信你们是受了蒙蔽，不了解制片厂罢工背后所存在的真实情况。

我完全相信这次罢工是由别有用心的人的煽动、领导及组织造成的，并曾说服你们拒绝接受这个公平合理的解决办法。我以这种方式对你们说这些，是因为我没有别的办法和你们取得联系。

华特·迪士尼

好莱坞，加利弗尼亚

1941年7月28日

在整个罢工期间，迪士尼一直注意与工会贪污腐化的职员保持距离。不管是什么样的间接关系，都会严重损害在公众中的形象。所以，迪士尼急于想办法尽快解决罢工的问题。

但是，由于迪士尼的过激言辞和索罗尔的活动，使劳资双方的谈判又陷入了僵局，一时看不到解决的迹象。

就在这时，美国政府出面了。罗斯福总统委托大财阀纳尔逊·洛克菲勒来找迪士尼谈话，劝他出访南美洲，同时把解决罢工的问题交给政府去解决。

迪士尼此次出访并非旅游，而是负有政府交给的一项带有政治色彩的任务，那就是拍摄一部南美主题的动画片，同南美国家中的亲纳粹的反美宣传抗衡。

迪士尼带去了一批没有参加罢工的专业人员。他们在阿根廷首都布宜诺斯艾利斯建起一个临时摄影棚。他们拍摄了《可敬的朋友》和《三骑士》两部动画片，后来在南北美洲都取得了成功。

迪士尼从南美洲回来的时候，罢工已经解决了，但解决得很糟糕。他们所接受的解决办法引起了更多的问题，尤其是因生产不佳而必须裁员的时候，显示的情况更坏。辞掉的员工必须按预先议定的比率，按罢工的和没有罢工的人员分配。

罢工之后，迪士尼似乎并不怨恨那些罢工的人，有些参加过罢工的人后来还被提升到重要职位。

这样一来，关于工人罢工的事件总算告了一个段落。

在战争期间的工作

1941年，日军偷袭珍珠港，美国被卷入战争。

1941年12月7日下午，制片厂经理给迪士尼家打来了一个电话，告诉他制片厂警察刚才通知说，陆军要进驻制片厂。

此时的迪士尼正在为珍珠港被袭击而深感震惊，他知道战争的打击已经渐渐迫近他的公司了。

没过几天，制片厂就进驻了500名陆军部队士兵，录音室的影片装备也奉命被搬走，取而代之是用于修理车辆和高射炮的设备，停车棚里则堆放了3万发炮弹。

为了给宪兵们让出宿舍，画家们只得勉强挤在几个办公室工作。甚至连迪士尼和罗伊进出也要由遍布工作楼的宪兵查身份证。日本人进攻的危险消除之后，在制片厂住了8个月的高射炮部队才撤走，但又住进了其他军事人员。

过了不久，美国海军专门请迪士尼摄制了一部《航空母舰飞机降落讯号》以及有关飞机识别的20部短片，此外还有许多为其他部门摄制的《飞机识别方法》《粮食为制胜武器》等关于农业和工业等方面的专业影片。

影片的订单很多，而且这些影片都需要深入浅出地简化复杂的情形。这对好胜的迪士尼是一个挑战，他拿出摄制《米老鼠》和《白雪公主》的热情投入了这些影片的制作，并取得了成功。

迪士尼的第一部军事训练卡通片是由洛克希德飞机公司的一名工程师利用余暇时间拍摄而成的《完美铆接的四种方法》。

洛克希德公司利用此片作为教材以训练新的技术人员。加拿大政府对这部影片颇感兴趣。为了推销战时储蓄券，请华特·迪士尼制片厂拍摄了4部短片。此外，还有一个影片是教新兵如何使用高射炮的。

制片厂的工作人员被征去当兵，这使得本就不景气的卡通影片市场情况更糟。迪士尼不得不停止了几部大片的准备工作及一部短片的摄制工作。

迪士尼制片厂以前每年拍摄3万英尺胶片，而现在由于战争的影响，影片不断摄制，每年需要制成30万多英尺，再加上工作人员远远没有过去多，因而压在每个人身上的工作量都大得惊人。

财政部为了鼓励美国人进行爱国缴税，请迪士尼摄制一部片子在全国放映。有6000万人看过这部影片。财政部一共要了1100个拷贝。调查数据显示，当时缴税人中37%是受这部片子影响的。

迪士尼在1942年读了《制空权的胜利》后，感到很不错，就通过一些渠道联系上了作者沙维斯基。经过一番细致的讨论，沙维斯基同意了迪士尼把《制空权的胜利》拍成影片的想法。沙维斯基协助剧组工作人员拍摄此片，他在制片厂待了8个月。

《制空权的胜利》摄制完成后，在英国相当卖座。这是因为英军的一场空战与影片中的情节十分相似的缘故吧！但是，《制空权的胜利》在美国却不被看好，结果这部片子使迪士尼赔了50万美元，这使原本已捉襟见肘的公司财务状况更是雪上加霜。

1942年8月发行的《小鹿斑比》是花了5年时间拍成的，在国外卖了219万美元，在国内只卖了120万美元。

1943年2月发行的《可敬的朋友》在美国卖了50万美元，在国外尤其南美却卖了70万美元，成本30万美元，共盈利近100万美元，暂缓解了公司财政状况不足的压力，但前景仍很难让人乐观。迪士尼的影片效益不佳，欠了银行400多万美元。而在第二次世界大战中，战争片和音乐片却盈利。

有一天，美国银行驻洛杉矶代表通知迪士尼和罗伊，要他们一同到旧金山去参加美国银行的董事会，会上将要讨论他们拖欠贷款的问题。

他们知道，这是决定他们命运的一次会议，如果美国银行决心收贷款，那么他们兄弟就只有破产一条路好走了。

美国银行董事长和创始人贾尼尼在心情沉重的迪士尼以及20多位表情严肃的董事的等待中到来了。他走着听大家的议论，在走到迪士尼兄弟那儿时，他拍拍他们的肩膀鼓励他们："鼓起信心，事情会好转起来的。"

在议论迪士尼贷款案时，贾尼尼向每个董事询问道："你们看过迪士尼的电影吗？看过哪几部？"

而后贾尼尼说："把钱借给他们是要担负财务上的风险的，所以我一直比较注意他们的电影。我认为，迪士尼电影，现在是好电影，以后和将来也会是好电影。现在他们的市场受到了战争的影响，钱给冻结了，或不能汇回美国。但大家不要担心，帮助他们打开市场吧！因为战争改变不了他们的电影，而且这仗也不可能永远打下去的。"

贾尼尼离开后，迪士尼和罗伊也回到了洛杉矶。他们又一次逢凶化吉。以后，他们经常受到贾尼尼的关照。

由于美国银行的支持，迪士尼兄弟熬过了战争最困难的岁月。

事业逐步发展壮大

　　第二次世界大战中,迪士尼为政府工作了4年,他与观众的口味脱了节,而且也掌握不住发展方向。所以,其他的电影公司在战争中发了财,而迪士尼公司的财务状况越来越糟。迪士尼要重建公司,在他的鼓励下,画家们纷纷又回来了。

　　正如罗伊所说,第二次世界大战结束以后,迪士尼制片厂好似经过冬眠中的熊,瘦得骨头上连一点肥油都没有。战后欧洲经济匮乏,而且各国政府尽力控制资金外流,因而迪士尼的一些片子在欧洲放映的收入也并不高。这些片子包括《木偶奇遇记》《幻想曲》《小鹿斑比》和《小飞象》等。

　　国内的收入也不多,因此战后一年,华特·迪士尼公司欠债430万美元,几乎成了同行业中的欠债大王。迪士尼硬着头皮,顶着银行的压力,想要完成战前停拍但已设计好的《小飞侠》或《爱丽丝梦游仙境》。

　　罗伊不赞成这种做法,争执之下,迪士尼被迫放弃了自己的做法。他不用古典音乐,改配流行音乐,拍成了许多音乐短片。《使我的成为音乐》是这些音乐短片合成的一部长片，1946年8月发行以后，效果还不错，虽然有了一点收入，但对公司来说仍是杯水车薪。

为了解决成本过高的问题，迪士尼只好在本要拍成卡通长片的《南方之歌》中安插了真人。由此，他又找到了一个新的发展方向，其转折性的影片就是《南方之歌》。

迪士尼认识到不能坚持只拍卡通影片，而应转向真人电影的拍摄，只有影片项目多重化才可以自救。迪士尼也为降低影片成本动了一些脑筋。

在《南方之歌》中，又采用了他早年使用过的真人进入动画片的办法。该片中有70%是真人戏，只有30%的动画。

这部影片的主题歌获得了1946年的奥斯卡金像奖，主角则获得了特别奖。

有一段时间，为了赚钱支撑门面，迪士尼也曾拍过广告、教育、工业方面的电影。后来他认为他的公司不应该做这些，就停止再干这类活计。

有一次迪士尼突然想到，战时有士兵驻扎在阿拉斯加，战后他们又定居在那儿。这块唯一没有被现代文明染指的地方正是拍摄的好地方。当迪士尼得知手头上没有阿拉斯加的照片，随即请朋友一同前往阿拉斯加。他认为那里的人们的生活习俗、自然风光以及动物都是很好的拍摄素材，完全可以加以利用。

阿拉斯加那一望无垠的大森林，那雪白晶莹的冰河，那陡峭险峻的山峰，尤其是海豹有趣的生活大大吸引了迪士尼。迪士尼认为花时间在普利比洛夫群岛拍摄的海豹生活，将会有很高的票房价值。

迪士尼派人到阿拉斯加去拍风光片，后来根据他们拍摄的影片资料剪辑成一部短片，名为《海豹岛》。这是一部成功的影片，但在发行过程却一波三折。

正如罗伊所预言的，《海豹岛》证明很难推销，连瑞柯制片厂也不同意发行。霍华德·休斯一直感到为难，经过几次非公开的放映后，也没有人愿意发行这部影片。

当经常抱怨动画片成本高、极力主张多拍实景电影的罗伊公开与休斯站在一起时，迪士尼变得怒不可遏了。后来罗伊私下曾心平气和地解释说，他认为"实景"是用演员而不应该是用动物拍摄。

为了证明休斯和罗伊都错了，迪士尼于12月下旬在洛杉矶找到一家剧院租用一周时间"偷偷地放映"《海豹岛》。这部影片碰巧符合条件，可以被考虑授予金像奖。

1949年初，迪士尼证明自己正确的时候到来了，《海豹岛》根据观众对它肯定的反应得以有限制的发行后，作为1948年的最佳短片获得了奥斯卡金像奖。

颁奖仪式举行后的第二天上午，迪士尼就在胜利的时刻闯进罗伊的办公室，把金像向他的头上扔去，由于他的哥哥迅速躲避到桌子后面去，才没有被击中。

《海豹岛》在1949年3月奥斯卡颁奖仪式上获得成功时，制片厂的纯利润却又一次出现了令人担心的下降。1948年第四季度的统计数字表明利润只有68000美元，大约是上一年同期所得的1/4。

当他和约瑟夫·罗森堡及美洲银行就下一年提供资金的问题作交易时，获奖的那部短片作为制片厂最赚钱的影片之一，身价提高了许多。

洛杉矶商人对此的直接反应是，把每年用于奖励对世界贸易作出卓越贡献的"青铜匾"授予了迪士尼。

这次授奖由新闻界作了广泛报道，而且由于黑名单的威力所产生的一种神奇效果，甚至使美洲银行原来拒绝给迪士尼另外提供资金的想法也变成了坏事，并且显得十分危险，近乎卖国。迪士尼获得"青铜匾"后不久就收到美洲银行的通知，说打算在那一年其余的时间追加贷款。

另一个派往加拿大的摄影师在拍了几百万英尺胶卷之后回来了。他对自己的工作表示怀疑，可是迪士尼却据此剪辑出了一部《海狸峡谷》。

帕沙第纳市皇冠戏院上演了《海豹岛》和《海狸峡谷》，受到了观众的欢迎。

RKO公司见《海豹岛》的成功被观众证实，决定帮助推销。他们发现这种半小时的影片也可以赚钱。风光片一部接一部地问世了，有《活跃的沙漠》《非洲狮》《消失的草原》和《生命的秘密》等。

迪士尼给这些风光片取了一个总的名字《真实世界历险记》。公司也因此稳稳地赚了一大笔钱。

迪士尼和RKO公司在英国赚了好几百万美元，但这些钱都不能从英国汇过来，因而只能在英国花。这让迪士尼大伤脑筋。

这一时期，迪士尼决定摄制英国文豪斯蒂文森的小说《金银岛》。他觉得反正钱要在英国花，不如就拍摄一部英国片更好。他打算这部电影用真人拍摄，因为他若在英国摄制卡通影片，那就或者在英国训练工作人员，或者把美国的工作人员调过去，这都太麻烦了。

这样一来，也使他的家人有去英国的机会了。

从1950年起，迪士尼的运气开始好转了，2月15日，迪士尼制片厂推出的动画片《仙履奇缘》再次取得了成功。

《仙履奇缘》的故事是根据安徒生的童话《灰姑娘》改编的动画片，故事中的仙蒂是一位美丽聪明的姑娘。她爱唱歌，能从动物朋友那里找到快乐，能够边工作边歌唱。她拥有着真正的高贵品格。

仙蒂的头脑敏捷，但是，她很聪明地隐藏起来，不让残暴和自私的继母和两个姐姐发现。虽然在家里继母只把她当佣人使唤，但是仙蒂对自己的梦想却从未放弃。

机会终于到来，在仙女的帮助下，仙蒂穿着水晶鞋，乘坐着豪华马车，来到了王子的身边，凭着自己的高贵品格让王子对她一见钟情。

《仙履奇缘》除了获得三项奥斯卡提名之外，还拿下该届柏林影展金熊奖的最佳音乐片奖励。自此以后，迪士尼动画电影开始以拍摄长篇剧情片为主。

继《仙履奇缘》之后，迪士尼拍摄的《金银岛》也很快上映。故事讲述一个关于海盗的传说。在《金银岛》中，海盗头子西尔弗令人印象深刻。他伪装成厨师混进寻宝船上，表面上温和待人，但实际上却是作恶多端，充满暴戾之气，不但在暗中指挥船上的海盗活动，还多次密谋等船靠岸时将船上人杀害后再上岛寻宝藏。人性的矛盾在他身上暴露无遗。

这部片子本来在好莱坞已经被数次改拍成电影电视，但这一时期再出现，满足了战后美国人浪漫冒险的愿望。

之后，迪士尼制片厂又继续推出了《水獭村》等片子，这些电影为制片公司赚了不少钱。至1950年底，迪士尼公司只剩下170万美元的银行债款了。

赚了钱，迪士尼又开始计划他的第二部真人电影《罗宾汉》，并定于1951年夏天在美国摄制。

这时候，美国电视公司要求迪士尼制作电视节目，想要往电视界发展的迪士尼答应了这一请求。

1950年底他同意为国家广播公司制作一个圣诞特别节目。迪士尼扮演一个导演，带领两个木偶和他的主人腹语家艾嘉·贝金参观制片厂。

这部片子的收视率很高。迪士尼认识到了电视的价值，也看出了电视事业的发展前途，他重又进行教育影片的组织。

迪士尼常废寝忘食地去工厂里看模型的制作。

有一次，肯·安德生按迪士尼的要求绘了24部有关西部生活的画，然后迪士尼再把这画里的东西缩制出来。他们又设计了一个音乐厅，技术人员用绳子、轮子使厅中的人跳动起来；还设计出4个可唱出一分半钟歌的乐队。

1950年，已做了25年卡通影片制片人的迪士尼以其越来越超群的才华，摄制出各种类型的影片。工作人员想知道迪士尼是否来过办公室，他们就把纸张整整齐齐地放在固定的地方。他们不知道迪士尼也会像他们一样把纸张放回原处。

看到原封不动的纸张，他们总以为迪士尼周末没来。其实，迪士尼总是在周末去各办公室随便走走，或者坐下来看看。

早晨8时或8时30分，迪士尼参加会议，接着去各办公室看看。记者采访，他愿意安排在中午，向他们介绍早晨的工作，以及他的许多对未来的设想、构思，有时也回答些问题。

下午他又得去参加会议，并亲自看一下各种工作的进度。17时他还要去做一会儿运动，并喝上一杯威士忌酒。

以前他曾从马上摔下来，留下后遗症，颈时常疼痛，尤其在劳累了一天之后。所以，在一天中，他还要抽出一些时间来接受热敷、按摩疗法。

这时的迪士尼已经接受了哈佛大学、耶鲁大学以及加州大学的荣誉学位。但他自从接受了护士的热敷和按摩后，他觉得护士这一职业十分不容易。有一次，他甚至非常认真地对给他做按摩的护士说："小姐，我愿意拿我所有的学位换一个你的学位。"

经过按摩治疗，精力充沛的迪士尼重又返回工作。有时他召集会议甚至开到夜里。

迪士尼不太喜欢出席宴会，除非是工作需要。若没讲稿，他会很随便地发表演说。他的幽默措辞，颇受观众欢迎。在发表正式演说前，他会先看一下为他准备的讲稿。他自称不喜欢大话，愿意改成适合他的用语。

迪士尼可以凭自己的直觉看出片子内容的优劣来。他会把那些内容不怎么样的片子放在一边。或许他能在几个月甚至几年之后提出改进意见，他总有自己独特的创造能力。

《小飞侠》《爱丽丝梦游仙境》《睡美人》《长毛狗》都这样经过搁置，然后拍出来了。

《淑女与流浪汉》是早在1937年就有了初步构想的，还有一部拖了20年的《希亚瓦沙》，最终也没有摄制出来。

《罗布·罗衣》和《剑与玫瑰》是迪士尼在英国拍的两部冒险片。其中，《罗布·罗衣》是根据一件发生在南北战争时的事件改编的。这部片子在英国卖得比较理想。

他还想在好莱坞制片厂拍另外两部片子，是颇受他喜欢的《海浪滔滔伏海妖》和《火车头大追逐》。

前一部是根据法国作家威恩有关原子能、潜水艇、潜水衣的幻想小说改编成的，后一部是根据当时的一件新闻纪实而改编成的。但遗憾的是，这两个片子最终没有拍摄成功。

诸多的自然科学家看到了迪士尼的动物真实生活片集的成功，愿意提供一些类似的影片给迪士尼制片厂。因此，他拍摄了一部《沙漠奇观》，并取得了很大成功。此片，投入30万美元，收入400万美元，是迪士尼公司最赚钱的一部影片。

建造迪士尼乐园

　　从小就对火车着迷的迪士尼，不但在自己的办公室里有一套玩具火车，而且在比弗利山和贝埃尔山间的住宅区，在荷姆比山卡罗伍德新家外，也建了小型铁轨和火车。

　　迪士尼与全家签了一项协议书，不得干扰火车的运行，因为莉莲有点害怕火车。

　　这套小型火车与真正的火车一样功能齐全，每一车厢都经过特别设计，报摊上也有按比例缩小的1880年的报纸。迪士尼家中的火车，构成了迪士尼机构新企业计划的一部分。迪士尼每做一件事，连他的嗜好也不例外，都有其更深的目的。

　　善于观察的迪士尼注意到，乘兴来好莱坞玩的游客，总以为那儿处处都是明星，应该是一个五彩缤纷的世界。可是，这些慕名而来的人，总是乘兴而来，丧气而归，因为他们对这儿的一切与他们心目中所想象的有着天壤之别而颇为失望。

　　当带着两个女儿黛安娜和休伦去娱乐公园玩的时候，迪士尼发现孩子们的父母都是一脸疲惫，没精打采的样子。他还注意到公园的设施也是破旧不堪，服务人员的态度恶劣，卫生状况也不容乐观。

建一个让小孩和大人都喜欢的娱乐公园的念头在迪士尼脑中油然而生。

他计划把地址选在对面街一处11英亩的四角形空地上，他把这个娱乐公园取名为"米老鼠公园"。他把自己的梦想构思写在1948年8月31日的备忘录里。

围着公园建造一个大村落，村落中有火车站、凳子、乐队表演室、饮水泉、树木、花草在公园中都有合适的场地安排，还有供休息和进餐的地方，这给带孩子来的母亲、祖母提供了方便。村子两端各为火车站和市政厅。市政厅可作为行政大楼，但要像个市政厅的样子。

小一点但很逼真的消防队就在市政厅旁边。还有警察局，解决纠纷、找寻失物和走失的小孩等，像普通的警察局一样发挥功能。关着几个人的牢房可供孩子们参观。

迪士尼还构想了其他东西，如饮食店、歌剧院、电影院、无线电以及电视广播室、玩具店、宠物店、书店、玩具修理店、洋娃娃医院、制售老式糖果的商店、家具店、出售迪士尼公司艺术家作品的书廊、音乐商店、儿童衣服商店。

设有品种繁多的热狗和冰淇淋摊子，还有供举行生日宴会的饭店以及邮局等。

总之，这里可谓是应有尽有了。为了增加娱乐性，园内还要开辟"西部村"。这里马车是主要交通工具。村里有牧马场、骑马场、牧童用具商店、西部电影院，西部博物馆里展出一切与西部有关的东西。

这个宏伟蓝图因手头资金不足而只能暂搁心头。但是，随着时间的推移，迪士尼对"米老鼠乐园"简直到了一种痴迷的地步。他自掏腰包，聘请顾问对乐园进行设计。

罗伊强烈反对弟弟的乐园计划，认为弟弟是异想天开。迪士尼不得不用自己个人的钱来支持这个计划。他甚至从他的人寿保险中抽出10万美元，请了一组人员帮他进行设计，第一位是哈泼·戈夫。

迪士尼不但收集小东西，还收集小动物。他对欧洲矮种撒丁尼亚驴着了迷，就买了4头带回迪士尼制片厂，然后又特意为娱乐公园请来了专业驯兽师。

1952年12月，迪士尼为这个定名为"迪士尼乐园"的公园组织了一个迪士尼公司。因为怕迪士尼电影公司的那些股东反对用迪士尼这个名字，又改新公司名为WED公司，总经理由他自己来担任，副总经理则由比尔·柯特瑞担任。

迪士尼又请来了理查·欧文和马文·戴维士。设计者们从迪士尼的卡通片中寻找设计思路。迪士尼也提些建议，"白雪公主之游"的设计方案就是他提出来的。

迪士尼设想的迪士尼乐园占地很广，再者博班克市政府不合作，用制片厂对面街三角形空地建造娱乐公园的计划不能实现。于是，迪士尼只好重新找地址。

罗伊认为银行不会借钱给迪士尼搞"乐园"，因为欠银行的债已很多了。但迪士尼并不气馁。

一天迪士尼问护士："你会为我搞的'迪士尼乐园'投资吗？"

护士说："当然会的。"

不久，制片厂内就组成了一个"支援组织"，厂内大多数人都乐意投资。面对这种情况，罗伊才有些赞成"迪士尼乐园"的建立。

有一次，迪士尼对记者说："电影交出以后，就再也不能变动了。而乐园这东西是可以永无止境地发展下去的，增建、改变，简直就是个活的事物。这一切太有意思了。"迪士尼对他的"迪士尼乐园"真是狂热地着迷。

一位借钱给迪士尼的银行家打电话对罗伊说："华特谈了乐园的事，那真是个了不起的计划。"

借款到1953年夏天就花光了。迪士尼不得不说服迪士尼机构的董事会从电视方面来解决钱的问题。他认为从以前的两次圣诞节特别节目中已证明，电视是观众认识迪士尼电影的重要手段。

当时，电视作为大众传媒刚刚兴起，好莱坞各大电影公司都把电视视为洪水猛兽。他们生怕电视会抢走电影的观众和市场，一致认为电影应和电视保持距离，不可把影片卖给电视公司。

电影院老板也支持这一政策，他们宣布，他们将不放映同电视公司有合作关系的制片厂的电影。

当时有几家电视公司希望取得迪士尼的动画片和《真实生活的历险》系列片的放映权，可是他们的努力全都遭到了拒绝。

现在，由于急需资金，迪士尼也就顾不得那许多了。

因为要用影片去换取电视公司的合作，所以电影公司董事会这一关是非过不可的。

迪士尼对董事们说："以前我们兴旺发达，那是因为我们敢于冒险和尝试新事物。我们不能停步不前，而必须弄出一些新的东西来。"

他又说："公司过去办的是娱乐事业，而游乐园也是娱乐事业。

这是了不起的事业，是娱乐的一种新构想，是全世界绝无仅有的东西，它一定会成功的。"

迪士尼激动地含着眼泪，终于说服了全体董事。罗伊去纽约一家电影公司商谈签订合约的事，但要想让人家了解"迪士尼乐园"就必须拿出点看得见的东西来。为此，侯比·里曼在周末赶绘出乐园的鸟瞰图来，比尔·华希写了一份说明。就这样，迪士尼乐园的构想第一次得到了确定。

经过一番努力，美国广播公司终于答应投资50万美元，获得了30%的股份；而且在此公司的担保下，迪士尼借到了450万美元。

1954年初，迪士尼改组3年前成立了"迪士尼乐园公司"。迪士尼机构和美国广播公司各投资50万美元，持有34.48%的股份；西方印刷公司投资20万美元，持有13.79%的股份；迪士尼投资25万美元，获得17.25%的股份。

1954年4月2日，迪士尼乐园和制作电视节目的计划宣告完成，电视节目将在1954年10月开播。

乐园地址几经研究、调查，终于选在正在建造的圣安娜高速公路附近的一个占地160英亩的橘园。

在1954年8月，迪士尼乐园在阿纳海姆破土动工。迪士尼乐园开工之后，迪士尼就全身心地投入到这项费时费钱的浩大工程里面去了。罗伊原以为游乐园只要一开工，就可以坐等它的落成典礼了，他没想到接下来的麻烦事还有很多。

在建造游乐园的过程中，迪士尼还是像他以往拍电影一样不计成本，这就使得原来的预算一再被突破。

当时制片厂的财务状况有所好转，但仍然不够支付建造游乐园的庞大开支。罗伊只好像以前那样为了支持弟弟的花销，不得不到处找钱。罗伊常到美国银行洛杉矶分行去贷款，但现在迪士尼乐园的预算由 700 万美元增为 1100 万美元时，美国银行就只好邀约纽约银行家信托公司共同提供借款。

迪士尼的工作人员一周工作 48 小时，迪士尼也和他们一起干。他严格地要求每一件事，甚至垃圾箱都不放过。在他的要求下，垃圾箱和环境配合相当好，简直成了一项装饰品。

迪士尼坚持饭店的装潢一定要讲究。在他想来，如果全家人团团坐在价值 50000 美元的一套吊灯下面，食物又价廉味美的话，他们一定会觉得乐园之行充实而愉快。

工作人员建议造一座水塔，以增加水压。迪士尼很生气，粗陋的水塔会把乐园整个的优美景致给破坏了，他下令另想一个办法。工人们集思广益，最后把水从好几个水源导来，以确保足够的压力。自然，为此付出的花费比预想的要多得多。

工人们想建行政大楼的建议也让迪士尼驳回了，他说："游客是来乐园游玩的，不是来看行政大楼的。而且，你们也不应整天坐在办公室里，而应该到乐园的各个地方去走走，看看游客在干些什么，想想该怎样使他们玩得更高兴。"

迪士尼还十分注意绿化，他要让树也成为园景的一部分。枫树和杨树在园子的东部，松树和橡树在园子的西部。

有一回，他乘着国内的火车去视察各处的景观，有一些树遮住了他的视线，他便命令道："把那些树往后挪 50 米，我要让游客看清这里所有的东西。"

乐园快要建完的时候，一位母亲从美国东部来了一封信，信中说她患了白细胞过多症的 7 岁儿子有两个梦想，其中之一是希望能坐坐迪士尼乐园中的火车。

当这位母亲带着她的孩子到了加州，打电话到制片厂时，制片厂的人告诉他们星期六早晨到乐园去找迪士尼。经过一番长途跋涉，他们坐着车子到了乐园，见到了迪士尼。

"听说你想看我的火车，太好了，走，我们去。"迪士尼边说，边把孩子抱了起来，往铁路方向走去。

迪士尼把孩子抱进车厢，火车载着迪士尼和孩子做第一次环绕乐园的行驶，沿途迪士尼详尽地为孩子解说乐园中正在建造的部分。

回到行政大楼后，迪士尼走到他的车旁，取出一个包裹，包裹中原有两张带金边框子的《淑女与流浪汉》的照片，其中一张迪士尼已送给了摩纳哥王雷尼尔和王后葛丽丝·凯丽。

现在，迪士尼把剩下的这一张送给了孩子，他对孩子的母亲说："我们看过乐园了，他很喜欢我的火车。"事情过去后他还特意嘱咐工作人员不可对外宣传。

乐园恰好在迪士尼和莉莲结婚30周年的纪念日竣工。他们发出了请帖，邀请了300人来参加"光阴如梭庆祝会"。

在7月里一个温暖的黄昏，迪士尼迎来了他们的客人。客人们乘坐四轮马车通过灯光通明的"大街"，穿过"西部乐园"的大门，到螺旋腿饭店的酒吧间去喝鸡尾酒。迪士尼白天在乐园里辛苦地工作了一天，这时候轻轻松松地和朋友、同事欢聚一堂。他引导大家看园中的各个地方，边走边讲解。

迪士尼还带着大家上了"马克·吐温号"，船上挂着老式灯泡，航行开始。美国南方式的乐队演奏着铜管乐的音乐，侍者托着盘子，把薄荷白兰地酒送到客人面前。迪士尼在客人间走来走去，尽情享受着客人的快乐。经过长时间的艰辛和操劳，终于看到心愿得遂，再加上白兰地酒，他已经有些陶醉了。

客人们回到饭店吃晚饭，歌舞女郎表演着西部轻松的歌舞，一位滑稽演员表演滑稽动作以助兴。当这位演员放射他的空枪时，迪士尼爬到包厢边以手做枪反射回去。

台下的人看出是他，就鼓起掌来，他听到后就从包厢里爬了下去，登上了舞台。

大家都大叫："讲话呀！讲话呀！"

但是，迪士尼并未发表演讲，只是站在那儿微笑着。大家又高喊莉莲的名字，莉莲带上两个女儿上了舞台。但迪士尼仍是一句话也未说，只静静站着，泪水顺腮而下。他脸上幸福的表情已告诉大家他高兴极了。

这时乐队奏起乐曲，有人上来邀莉莲跳舞，还有人邀她的两个女儿跳舞。很快大家都在台上跳起舞来，迪士尼也被挤到旁边去了，但他仍未开口，只是一个劲儿地冲着大家笑。

夜深了，人们见迪士尼面有倦色，决定先让他回家休息，但又怕他酒后不能驾车。

大女儿对他说："爸爸，我可以开车送你回去吗？"

迪士尼说："当然啦，宝贝！"

迪士尼很温顺地爬上了车后座，把一张乐园的地图卷了起来，当成小喇叭对着露丝的耳朵说话。过了一会儿，露丝忽然觉得后面没了声响，一回头，只见父亲像小孩子一般双手握着地图喇叭已经睡着了。

第二天，早上7时30分迪士尼就一路跳着离开了家，到乐园工作去了，丝毫没有酒后头痛的现象。

就在迪士尼监督游乐园的建造工作时，迪士尼制片厂又获得了两次极大的成功：由柯克·道格拉斯主演的实景影片《海底两万里》，已在剧院上映；关于戴维·克里克特英雄传的3集影片，已成为轰动一时的电视片。

这两次成功极大地鼓舞了迪士尼的士气，更增强了他的信心。他心急如焚，真有点等不及了，他自信开业之日的入场券一定会非常受欢迎的。

设计迪士尼世界

1955年7月17日,迪士尼乐园正式举行开幕典礼。

那天一早,慕名而来的观众冒着酷暑挤在乐园的大门前。周围10000米内的街道上都停满了汽车。

开幕式第一天的客人原本都是邀请来的,入场券只有15000万张,发给了制片厂的工作人员、建造乐园的人员、新闻界人士、政府要员及许多有关的业务人员。

但由于有人造了假票,不请自来的人数不胜数,结果30000多人挤进了大门。

一方面是因为来人太多,另一方面也因为准备不足,这一天出现了许多事先没有料到的窘况。

各种乘坐工具都被压坏了;饭店和冷饮店的食物和饮料被吃光喝光;"幻想乐园"的瓦斯管漏气,被迫关闭;柏油路面未干,一些女士的高跟鞋陷进新铺的沥青里;"马克·吐温号"因乘客太多,致使甲板与水面齐平;父母把小孩子从别人的头顶丢来丢去,以便孩子能抢到骑乘亚瑟王旋转木马的机会。一切都乱了套。

迪士尼自己却没有看到这些糟糕的情形，他那天被人从一个地方拥到另一个地方去制作电视特别节目。直至第二天他才从报纸上得知了失败的情形。大部分的新闻报道都表示了不满，有一位专栏作家甚至指责迪士尼故意减少饮用水的供应来强迫大家去买汽水喝。

迪士尼把开幕那天称为"黑色星期日"，并且把它深深印在脑海里。他马上召集工作人员，解决燃眉之急。例如：增加乘载量，引导游客流动，解除乐园附近的交通堵塞，加速供应食物，等等。

为了改善同新闻界的关系，迪士尼还邀请报纸、杂志和电讯社的工作人员带家属到乐园中。在宴请他们的晚餐会中，他亲自到场，为开幕那天的混乱道歉。最后，一切又恢复到原来井然有序的样子。

迪士尼明白，最重要的是把乐园改造好，消除一切隐患和可能的事故。从这时开始，他每天都在乐园中度过。迪士尼似乎永不疲倦，他时常指着游客对旁边的人说："快看他们！你有没有看到过这么多快乐的人？"

一天黄昏，乐园的一位工程人员走过"西部乐园"，看到一个人独自坐在一把板凳上，那就是迪士尼。他欣赏着"马克·吐温号"冒着白烟航行过曲曲折折的河道的景象。

7个星期过去了，共有100万游客到过迪士尼乐园，比预计人数多出50%，收入也比预计超出30%。

1955年9月14日，迪士尼乐园电视集在美国广播公司进行第二季度的播映，推出了《盾波》影片，这部影片集成了全美收视率最高的节目。10月3日，迪士尼又提出新的设想，决定推出儿童节目

《米老鼠俱乐部》。

这部节目是迪士尼第一次专门为儿童而设计的,节目包括新闻片和《米老鼠》《唐老鸭》卡通。新闻片负责报道其他国家的儿童活动;卡通片根据儿童故事改编制作,由24位颇有天分的童星串联成"老鼠帮"来演出。

《米老鼠俱乐部》空前地受观众的欢迎。每逢周一至周五下午17时至18时的播出时间,全美国有3/4的观众都静静坐在家中观看,不仅儿童,连大人都会唱《米老鼠俱乐部》歌。

"老鼠帮"所戴的老鼠耳朵帽子一天能卖出50000顶,200项其他物品交给75家厂商制造出售,24名老鼠帮都成了家喻户晓的明星,其中一名童星一个月要收到6000封信。

在好莱坞奋斗了30年,迪士尼不仅获得了成功,而且远远地超出了他的梦想。他一连摄制的4部电影全都轰动一时,两部电视片影响力深远,这都弥补了赚钱不多的不足。

关于影片,迪士尼已形成了自己的看法。

有一次他说:"年轻时,我曾看过一本有关艺术的书,作者劝告年轻的画家要自成一格。我就是这样。既然生来就是个平凡的人,那么始终就只追求平凡的东西。"

影评人、学者甚至他的女儿都批评他说影片太平凡了。一次他在家中放映自己的影片,戴安娜就对他说:"爸爸,这部片子太平凡了。"

迪士尼却说:"或许是这样,但玉蜀黍是美国人的主食之一,千百万人都喜欢吃它,其中自有道理。"

还有一次他去法国,一群法国卡通影片摄制人向他请教,他回答道:"不要搞什么前卫派的东西,夸夸其谈的艺术是不够的,得要人们喜欢才行。"

慢慢地,"迪士尼"名闻全世界,到美国访问的皇室领袖们都坚持要到乐园一游。迪士尼炫耀他的乐园就像父亲炫耀引以为自豪的儿子。第一位参观乐园的外国元首是印尼前总统苏加诺,后来泰国国王和王后、摩洛哥国王穆罕默德五世、尼泊尔国王和王后都曾光顾过乐园。

据说,苏联领导人赫鲁晓夫于1960年访问美国时,曾表示要参观迪士尼乐园,但美国方面由于安全原因取消了这个计划。事后,赫鲁晓夫深感失望。

不可避免的是,乐园的人们经常会认出迪士尼,当大家只顾注意他而忽视了贵宾时,他会觉得窘迫不堪。这种时候,他往往会说:"请看这里,这是比利时国王,一位真正的国王。"或者说:"这位尊贵的客人你应该认识一下,他是印度总理尼赫鲁⋯⋯"

迪士尼还是常常到乐园中去,除了观看游客的反应,便是研究该怎样改进乐园,使游客玩得更愉快。

有一次,他看到乐园中"马克·吐温号"正缓缓地驶离码头,只有几艘小船穿梭往来,他就要求工作人员再增加一艘大船。

不久,大帆船"哥伦比亚号"便出现在河上了。

还有一次,公共关系人员把汽车停在了"西部乐园"的火车站旁,迪士尼看到了大为生气,他说:"人们到这里来是想看看西部过去的情形,你的车子却把整个西部的形象都破坏了。"

迪士尼在建立乐园之前就对乐园做了这样的构想:"迪士尼乐园的宗旨:使人们在这里找到快乐和知识。"为此,他还把维持整个乐园的形象放在首位。

迪士尼要求乐园的工作人员对游客要高度热情、彬彬有礼。一次，当他听说一位铁路车长对客人很粗鲁时，迪士尼对助理说："你和他谈谈，看看他到底了解不了解我们干的是哪一行，给他打打气，如果他还不能变好，就只能让他离开乐园。游客到这里来是为了寻求欢乐，不能给人带来欢乐的人我们不要。"

一般乘船游览一次，需要7分钟。迪士尼发现，由于驾驶和导游偷懒，4分半钟便结束而返航。他要求他们立即改正错误，他明确指出："那些河马是我们花大钱做出来的，一定要让游客仔细欣赏欣赏。"

由于时间太紧，金钱不足，迪士尼乐园做得不尽完美。迪士尼最不满意的就是乐园的附近地带，旅馆饭店招牌林立，破坏了乐园的外观。他曾对一位记者说："当时没有钱，不能买下更大的地方。如果再建一个乐园的话，我一定会控制好园内园外的风格。"

电影仍是迪士尼机构的主要产品，迪士尼乐园开幕以后也随之兴旺起来。他通过电视把影片介绍给观众，"迪士尼提供"几乎成了老少皆宜影片的商标。

迪士尼喜欢的食物如墨西哥肉饼、豆子、汉堡包、马铃薯和馅饼，把他的体重提高到185磅，因此他决定自我限制饮食。医生告诫他说吸烟致癌，他却始终没有戒成烟。香烟已经成为他生活中不可缺少的部分，不抽烟他会觉得手足无措。

迪士尼不停地工作，有时候甚至把剧本带回家看；但是由于他坐直了就会影响他的旧伤，所以他只好弯着腰看。很多时候，半夜里莉莲醒来，常会发现迪士尼站在梳妆台前，研究剧本，画图样，或自己跟自己讨论一项计划。

早上如果没有预约，迪士尼便会先到WED公司看看。

乐园成功后，迪士尼就致力研究制造出像真实人物一样会动的东西。他还计划在园中展出美国史，称为"总统之厅"，把每位美国总统做成真人大小，首先要把谈话和动作都像林肯的活动塑像做出来。这种构造综合了声音、动作和电子，被称为"声动电子塑像"。

迪士尼乐园越办越成功，许多人争相投资，劝迪士尼在别处另建一个乐园。迪士尼虽然坚持说"世界上应该只有一个乐园"，但事实上他另有计划。

一次，他对同事说："其实，迪士尼乐园只包容了美国的1/4，密西西比河东部还有很多区域有待于我们去表演给人们看。"

迪士尼清楚地知道需要为机构制定新的目标，不仅要在乐园中增加些新东西，还要接受新的挑战，以提高技术水准、拓宽想象力。迪士尼原来反对再建一座迪士尼乐园，但他看到 WED 公司的技术和组织成熟以后，他反对的决心也就减弱了。但他想可以建一座比乐园更好的东西。

他的计划变得宏大了，要建一座城市。在这个新城市，人类的居住环境清洁、美观，而又能激发智慧。

在一次新闻招待会上，迪士尼说："我要建立一个模型社区，一座未来城市。我相信人还是要活得像个人一样。我有许多事情要做……当然，我不反对汽车，但我认为现在这里汽车太多了。我认为可以提出一种设想，汽车也存在，但人们可以自由地放心地走路。我一直希望能在这样的环境里工作，而且我的构想也要用在学校、社区设施、社区娱乐和生活上……"

后来，迪士尼的"理想之城"被命名为"迪士尼世界"，又称作 EPCOT，即"未来社会实验样板"的缩写。

未来城市的设计，是一项很艰巨的工作，花费了大量心血。迪士尼要把每项科学进步的项目都体现在这个城市里。

他的询问信寄给了500多家公司，又派人访问了100多家工厂、研究中心和基金会。

到迪士尼乐园开业后的第10年时，游玩点已经由原来的22个增加到47个，资本由1700万美元增为4800万美元，游客共计有4200万人次。

面对荣誉与孤寂

1957年2月，迪士尼正式被授予了"里程碑奖"，庆典宴会在比弗利山的希尔顿酒店的大厅里举行。

受邀请的来宾在厅外的过道上享用过鸡尾酒和餐前小吃后，都到大厅落座。大厅的一端有个演唱会，迪士尼创作的那些"角色"都穿着晚礼服在上面等候客人们。一个非常正规的米老鼠坐在迪士尼的主宾席上。

埃迫·费希尔宣布仪式开始，开始先唱国歌，然后由洛威尔·托马斯宣读几个知名人士的贺信，包括《幻想曲》的合作者利奥波德·斯托科大斯基在内。

诺曼·文森特·皮尔走上台对与会者说："在我国1.7亿人中有1/3是17岁以下的青少年。迪士尼对我们亲爱的祖国巨大的影响作用使他应当得到各方面的称赞。"

接着颂扬迪士尼的是华盛顿最成功的大酒店女老板玻尔·梅斯塔。她称赞迪士尼，以"美好的心灵创造了像米老鼠这样的角色。迪士尼是当今最伟大的友好使者。这是因为他展示了那么多的爱。

而且我们知道，这种爱是世界上最至高无上的东西"。

喜剧演员埃德·温谈到了迪士尼对幽默的贡献。奥尔马·布雷德利将军则对迪士尼无论战时还是和平时期都为军队服务表示感谢。

托马斯接着宣读了艾森豪威尔总统发来的电报：

> 你在民间传说方面的创作天才长期以来一直受到人类在各个领域尽力的领导者的赏识，也得到了本国和全世界的赞誉。他们仍是最有发言权的评论家。
>
> 作为一位艺术家，你在向这个世界展示我们的祖国并向我们所有的人展示这个世界方面起了积极的作用。作为一个人，你对待生活的富有爱心的态度，促使我们的儿童对既有许多弱点，又可能行善的人类，形成了一种纯洁的和乐观的印象。

颁奖的是前一年获奖的塞西尔·德米勒的代表尤尔·勃连纳，因为德米勒有约定的拍片任务，不能出席。

迪士尼非常激动，轮到他讲话时，他竭力克制，不让眼泪落下来。他在承认每个制片人都有所谓的"魔力"后，就向德米勒与同代的独立制片人塞缨尔·戈尔德温表示祝贺，并感谢美洲银行最近退休的约瑟夫·罗森堡，称其为他"个人的恩人"。

迪士尼开始絮絮叨叨，断断续续地回顾他的职业生涯，从早期在堪萨斯城做广告讲到了迪士尼乐园的惊人成就。接着，他就擦掉眼泪，沉默地站在鸦雀无声的大厅里。

他用激动得几乎听不清楚声调继续说："在任何职业中，具有某种天才都是有用的。我得到了这样的天才——但碰巧是在我哥哥的身上发现的。罗伊管理着公司，掌管国内国外的全部工作。他有一种避免出风头的谦让的才能，这一点在此时此刻对他一点好处也没有。"

当迪士尼把罗伊请到台上，兄弟俩在聚光灯下紧紧拥抱的时候，长期不和的积怨全部都烟消云散了。

接着在吉恩·凯利与人们同时齐唱的《对明星的祝愿》的歌声中，迪士尼微笑着向大家挥手致意，然后穿过大厅的几道厚厚的帷幕走出那灿烂辉煌的荣誉的光圈，消失在严寒的黑夜里。

没有多少事情可做，他把更多时间都花在写信上。例如，已经得到证实的，主要是在一些雇员的父母去世时写信表示哀悼，或是给以前的朋友和熟人写回信。

他想尽可能亲自给影迷写回信。他曾给几个慈善团体捐款，还定期捐款给制片厂对面的圣约瑟夫医院。

夏天就快到了，迪士尼与莉莲开始准备到欧洲和美洲去旅行，想看看其他地方的游乐场有没有什么新的花样。他计划到瑞士去了解一种能制造波浪的机器可否用于表演他的"潜艇"。在米兰时，他学会了大规模制作蒸汽加压咖啡的方法，看看能否用来提高迪士尼游乐场供应的咖啡的质量。

德国之行满足了迪士尼想在高速公路上开快车的愿望；在古巴时，使他有机会研究了一座火山的遗址，并在"加勒比海的海盗"的新计划中得以利用；在波多黎各时，迪士尼买了几只新的机械鸟；在巴黎时，他带莉莲参观了巴黎埃菲尔铁塔，那是他最喜欢的一个地方；然后又驾车带她沿着他在第一次世界大战中参加红十字会志愿军时走过的路线做旧地重游。

迪士尼与莉莲从没单独一起旅行。迪士尼的旅伴中总是有一个由他精心挑选的工作人员和他妻子。挑选的雇员必须是已婚的。动画片绘制者沃德·金布尔和马克·戴维斯及编剧乔·格兰特在过去几年中都得到过邀请。这次就轮到比尔·沃什了。

迪士尼和他花了很多时间一起讨论以后的计划，让他们的妻子自己去玩。

莉莲是个不大喜欢与人共处或者是交际的人，所以对沃什夫妇与他们同行很不高兴。她对迪士尼邀请来的旅伴的"外人"，多数都是如此。她特别不喜欢沃什那位比她年轻得多的妻子诺利。她过去是个舞蹈演员，年龄只有她丈夫的一半。诺利同样也不喜欢莉莲，而且对迪士尼也远不如对比尔那么关注。

对迪士尼说，沃什确实是能给罗伊当第二把手的最佳人选。迪士尼深知罗伊与沃什充分合作，总有一天会把制片厂管理得能充分发挥它的所有潜能。

回到洛杉矶后，迪士尼就重新开始思考适合新的制作的项目。同时他还指示迪士尼公司开始研制一些展品去参加1964年的纽约世界博览会。他的计划还包括向通用电气公司、百事可乐公司、福特公司以及伊利诺伊州提供一些节目。

迪士尼的参与促使20世纪纽约的传奇式"设计师"和博览会的主席罗伯特·摩西到阿纳海姆去拜访迪士尼，迪士尼亲自做导游，参观了迪士尼乐园。

迪士尼在那里将摩西"介绍给了"伊利诺伊州一位最著名的公民亚伯拉罕·林肯。迪士尼为有这位保留的总统出现在他的游乐园里感到非常自豪。

这个像真人一样的机器人实际上是由马克·戴维斯在迪士尼公司研制成的有点令人害怕的假人，他采用的一种技术叫作"声频电子感应法"。

有了这种方法,迪士尼希望把"制造逼真形象"的工作再加快一些,要超过已经布满游乐场的那些立体的动画角色与背景。"林肯"大概是所有展品中最接近"原形"的人物复制品。如果说这是成功的,也仅仅是个开始。

为什么不造一个声频电子感应的迪士尼坐在迪士尼乐园的顶端,使他能永远统治着他的领地呢?

迪士尼越来越多地想到死亡,越来越感到孤寂。这也促使他要钻研低温学,研究怎样能把一个濒死的或者有病的人用冷冻法保存到这个人能够复活并恢复健康的时候。

迪士尼常常对着罗伊,苦思冥想要把自己冷冻起来的方法。他的哥哥同意这个主意,对做一个人造的迪士尼大王的建议也连连称是。

勇敢攀登新高峰

1961年，迪士尼重新发行了原来最不受欢迎的影片之一《幻想曲》。这部影片的重新放映曾受到博斯利·克劳瑟的赞扬，他在《纽约时报》上发表了一篇热捧的评论文章：

公众喧闹得把塔东剧院的门都要撞倒了。国内其他重新放映《幻想曲》的剧院的情形大都也是如此。最初发行时对该片的反应是令人沮丧的——那是非常不幸的。

当时有很多原因：欧洲在打仗，华特的动画片改变了风格；有人认为那种艺术对古典音乐爱好者来说太短，对其他人来说又太长。

尽管观众喜欢这部影片，一般来说也都对动画片感兴趣，但是，给大型的动画片的丧钟正在敲响。实际上钟声也是为小型动画片的登场而敲响，以最少的工作量和最低的成本制成的片子除外。

华特先生已不再制作以前那些著名的短动画片的节目，

如"米老鼠""唐老鸭""普卢托""古菲",以及一些很有趣的娱乐片,如《都嘟、嘘嘘、砰砰、咚咚》,这部片子正作为《幻想曲》的片头放映。华特先生现在每隔两三年才摄制一部大型故事片……

显然,不管动画片的前途如何,其制作方法都要比《幻想曲》简单得多,它会采取联合制作的简单的制作方法。这种方法通过"马古先生与杰拉尔德·麦克博队博因的奇遇",给动画片带来了令人高兴的新活力。

这篇评论鼓舞了迪士尼,促使他立即行动起来。但这主要并不是由于对《幻想曲》迟到的赞扬,他受到刺激乃是因为克劳瑟对联合制作者协会的"进步的"动画片风格的过分的,乃至出于无知的称赞。

像一个已经老了的职业拳击手摇摇晃晃站不稳一样,迪士尼感到不得不再次跨进那有魔力的拳击场作最后一次的搏斗。

为了要郑重地告别人世,迪士尼又一次凝视着他心灵的五彩缤纷的世界,以创造出一部反映最崇高和谐的总结性作品的影片。这部影片应该具有鲜明的轻松愉快的喜剧色彩,虽然有内心感情的阴影使之失去光芒,但物质的激情又把它从阴影中拯救出来。最后,迪士尼充分显示了他想象中的最大的恩人的光彩,体现这一点的是个漂亮可爱的英国小保姆,名叫玛丽·波平斯。

迪士尼好多年以前就已知道这是特拉弗斯写的一部小说。《玛丽·波平斯》描述了一个有魔力的保姆,她让富有但非常守旧的银行家的孩子们重新体验失去了的父爱。这本小说在黛安娜的整个童年时期一直被放在她床头桌上的重要位置上。

莉莲常常在她就寝之前大声朗读一章，直至她睡着为止。有好几次莉莲和黛安娜分别问迪士尼，能否把这本小说拍成电影。

迪士尼第一次接触这位出生于澳大利亚的作家，是在第二次世界大战期间。当时特拉弗斯已居住美国，她成年后大部分时间都住在伦敦。迪士尼听说特拉弗斯在纽约，就派罗伊去拜访她，希望买下她的小说版权。特拉弗斯像对待所有其他制片厂一样，不同意考虑罗伊的建议。

这位庄严和执拗的特拉弗斯太太完全不喜欢她所认为的电影这种"粗俗的艺术"，特别不喜欢好莱坞摄制的影片。

在随后的几年中，迪士尼又做过多次努力，想获得《玛丽·波平斯》的版权，但都没有成功。最后他于1960年到伦敦旅行时，亲自拜访了特拉弗斯。她发现这个迪士尼跟他的哥哥不同，很聪明、可爱，而且颇有说服力。

迪士尼很快就让特拉弗斯太太确信只有他才能恰如其分地把她的小说搬上银幕。为了能谈成这笔交易，迪士尼同意了特拉弗斯坚持认为是毫无商议余地的两个条件：第一，不能把小说改编成动画片；第二，改编的电影剧本要由她最后审定。

除了第二次世界大战期间来自军方的指令外，这后一个要求在迪士尼制片厂的过去是史无前例的，大概也是最后一次。

获得了改编权后，迪士尼把特拉弗斯所有的意见统统置之不理。她看过一次粗加工的样片后，要求修改的地方很多。迪士尼就向她说明，审定剧本的权利只限于剧本，不适用于影片。

迪士尼否定了一长串有可能担任重要角色的名单后，就去见朱莉·安德鲁斯，她是百老汇音乐片《音乐之声》的主角。迪士尼深深地为她的魅力和天生丽质所吸引，请她第二天就去扮演片中角色。

她彬彬有礼但态度坚决地拒绝了迪士尼的邀请。

杰克·华纳不让她在即将摄制的影片《窈窕淑女》中重新塑造她在舞台上扮演得过奖的角色伊莱扎·杜利特尔，使她很伤心。安德鲁斯认为自己在美国电影界是没有前途的。

令人啼笑皆非的是，华纳不让她演那个角色是因为他觉得她缺乏扮演迷住了希金斯的那个流浪街头的小淘气必须具有的性感，而这正是迪士尼想要她的原因。迪士尼再次运用他的说服力，使安德鲁斯接受了他的要求。

迪士尼回到好莱坞后，就派比尔·沃什担当这部影片的制片人，同时说服伊沃克斯设计出新的特殊视觉效果，使影片看起来具有现代性，但又有古典的感觉——这成为迪士尼的影片所特有的风格。

拍摄工作开始后，迪士尼对《玛丽·波平斯》着迷的程度超过了《三骑士》以后的任何一部动画片或实景片的创作。

迪士尼一连几个月不分昼夜地赶制，像过去那样搬到制片厂的办公室里住。他对每一个细节都交代得明明白白，要求拍得完全符合他的想法，不管要花多少时间和费用，必须做到他满意为止。

这种锲而不舍、专心致志的努力，可以从影片中得到印证。《玛丽·波平斯》把实景和动画结合得非常巧妙，使小说中许多联系不紧的内容变成了一幅系统一致的、具有描绘儿童幻想特点的图画。

迪士尼在这部影片中塑造了这样一个世界：个性、幸福、表现和满足都是完全归因于身体自由所带来的快乐。正如玛丽告诉那位明显是非人的银行家班克斯先生的，在这样的世界里，什么都不需要解释。这部影片中的一家人还被迪士尼同自己的家庭"联系起来"，似乎是要填补他由于专心工作而感到情感方面的遗憾。

班克斯的两个孩子简和迈克尔使他想起了青年时代的迪士尼和

罗伊，他们是缺乏幽默感、规矩极严的父亲和虽然不起作用但很慈爱的母亲受到了精神创伤的后代。班克斯先生易动感情的性格与生理的特点都使他联想起伊利亚斯，也是个虽不慈爱却乐于助人的一家之主。

另一方面，玛丽·波平斯是"不真实的"、虚构的一个美女，却保持了一个活生生的"母亲"的形象。她坚定、令人爱慕、有魔力，在必要时决意要"营救"班克斯的孩子们，使他们的父母"恢复人性"时发出权威命令，但是没有采取辱骂的方式。

她是迪士尼的一个影子，因为她是以自己的方式力求永远拥有童年时最高级的保姆。扫烟囱的工人伯特的一个乐队在游乐场里给人们表演的一个杂耍节目，使人联想起迪士尼的另一个侧面——年轻的迪士尼从他早期的职业生涯阶段逐步发展成为自己的制片厂这个"一人乐队"的头头。

伯特还有绘画的才能，他在人行道上画的许多素描——一幅接一幅——就像一系列剧情描绘板，变成了通往一个奇妙、欢乐的世界的路径。那些"有魔力的图像"就这样巧妙地使我们看出了这部影片的主题：从成人实际上受到限制的世界转入童年幻想的获得自由的世界来得到补偿的历程。

在影片《玛丽·波平斯》中，自由的定义是从历史的限制中释放出来，最后归于一种精神的解放。在影片达到高潮时，班克斯先生经过改造，得以和有怪癖的银行家老道斯先生一起"恢复人性"，这时的感觉也是获得了一次大解放。

影片中那些孩子般的角色和儿童并没有获得新的成熟，但那些成年人由于解放了内心的那个永生的孩子而得到拯救。

《玛丽·波平斯》是迪士尼描绘希望不断地胜过愤世嫉俗、青春胜过衰老、生胜过死的喜悦的一幅最美妙的图画。这是他永垂不朽的一座宏伟的纪念碑。

这部影片于 1964 年 8 月 27 日在好莱坞格劳曼的中国大剧院首次放映，获得了如潮的好评和巨额的商业利润。初次发行的总收人就高达 4500 万美元，在到那时为止已摄制的总收人最多的影片中名列第六位。

这部影片还被提名参加第十三届奥斯卡金像奖评选，获得了其中 5 项奖：编剧、有独创性的配乐、插曲、特殊效果及最佳女演员奖。

为不能主演《窈窕淑女》而备感冷落的朱莉·安德鲁斯作为最受欢迎的伤感演员获奖，压倒了由于扮演伊莱扎·杜利特尔而被提名的奥黛丽·赫本。连杰克·华纳也承认他投了安德鲁斯一票。而对迪士尼来说，比所有的奖项都更重要的是他认为《玛丽·波平斯》的突出的成就：使他恢复了作为好莱坞最经久不衰的电影制片人之一的声誉。

可是，到了 1966 年初他 65 岁时，迪士尼还没有来得及上一次课，也没有看到两个新工地上有哪些建筑物完工，就由于健康情况突然恶化而不得不减少许多活动。

新的一年开始时，他还曾是帕萨迪斯纳市玫瑰比赛大游行的总指挥。在从电视上观看这个节日活动的成千上万的人的眼里，他显得那么健康，只是身躯粗壮了一些、鬓角多了一些白发而已。

但是，如果没有经过仔细化妆保持形象和电视注意运用远镜头，迪士尼真实的脸色看起来就比任何时候都要苍老。他那曾经炯炯有神的目光显得混浊不清且毫无生气；他的双颊的皮肤出现了很深的皱纹；他的嘴唇变得乌青。

他的整个面部似乎都由于他认为有慢性鼻窦炎而显露出痛苦的表情。这种痛苦常常使他无法忍受,甚至晚上要在脸上热敷才能入睡。他的颈部和背部经常发作的疼痛在过去几个月里变得更加严重了,护士黑兹尔·乔治每天给他做的治疗越来越不起作用。

他增加了每天服用的止痛药的剂量,并总是用不掺水的苏格兰威士忌或者伏特加酒吞服。这两样混在一起,无疑会使他更加健忘和糊涂。

他常常把孩子、雇员及一些著名人士的名字搞乱,讲话常常语不成句。他的声音变得更加有气无力了。制片厂的人曾不止一次地看到他走过门厅时忽然一下子扶住墙以免晕倒或者跪下,同时托住他的胃,好像痛得站不直了。他还患了慢性肾病,要定期上医院。

为事业奋斗到底

各种各样的荣誉源源不断地落到迪士尼的身上。

足以使他引以为自豪的是,约翰逊总统在白宫授予他的自由勋章,这是平民所能得到的最高勋章。

总统先生在颂词上这样评价迪士尼:

> 作为一名艺术家,华特·迪士尼在娱乐方面,已经创造出了一个美国民间的奇迹。

能够得到约翰逊总统这样的评价,迪士尼兴奋不已。

另外,他一生中获得的奖状、名誉学位及各种奖品共有700多种,其中包括:29项奥斯卡金像奖;4项埃米金像奖;欧文·索尔伯格奖;总统的自由勋章;法国的志愿兵荣誉奖。这些都是对他为电影业所作的杰出贡献的极高奖赏。

他的动画片将继续给各种年龄的儿童带来快乐,他们都爱看一只小老鼠的各种滑稽动作和它喜欢的那个"女人"、一只脾气急躁的鸭子，以及其他许多令人难忘的艺术形象。

他的动画片将每隔7年重新放映一次，使新的一代感到惊奇和兴奋。同时，带有他的名字的那些国际连锁游乐园也将继续向游客展示一个青春永驻的世界，它至今还没有受到成年人现实生活中的那些责任与限制的束缚。这是许多人都会接受的对华特·迪士尼"大叔"的永久纪念。

荣誉一再落在他身上，但最让他感到快乐的是以他的名字来命名学校。第一个以他的名字命名的学校在宾夕法尼亚州的杜利镇，第二个在他的故乡马赛琳，第三个就在迪士尼乐园的附近。

1966年美国元旦，迪士尼出现在屏幕上，有千万名观众见到了他。他是在帕沙第纳的玫瑰花游行比赛中担任大元帅。

观众们每星期都可以在电视影集上看到他，因此这次看来他似乎也没有什么改变：头发直直的，胡须修剪得很整齐，稍有点灰白，开朗的笑容和上扬的眉毛依然如故。可是接近他的人，可以看出岁月不饶人，他毕竟难比从前了。他已经64岁，难以再有过去那无穷的精力了。

旧伤越来越严重，疼痛从颈部扩展到了背部和左腿，每天下午照例的护士治疗已经不太奏效了。脸部的疼痛时时侵扰他，经常在晚上发作，使他彻夜难眠，必须用热敷才能减轻疼痛。各种慢性病，也缠绕着他。

长期的鼻炎需要每周治疗。肾炎的袭击，也使他住进了医院。他还常常感冒，有两次还发展为肺炎。

疾病，使他隐隐感到那个老预言会变成实际，那就是他会在事情没做完以前死去。他对工作抓得更紧了。

虽然他的精神衰退了，可是他做的事情并不比以前少。他每天都要到公司去，筹拍新的影片，查看"迪士尼世界"的进展情况。有时他还到外地去。这时他已有了一架飞机，乘坐飞机外出确实方便得很。

可是，迪士尼的健康状况更糟。他的声音沙哑，左腿僵硬，痛苦万分。回来后，迪士尼住进医院检查，透视结果表明，他的颈伤钙化很厉害。医生说必须尽快手术，可是迪士尼却不肯，因为他还有许多事情要做。

7月24日，迪士尼主持了迪士尼乐园的新奥尔良广场的开幕后，他不得不住进了医院。

在加州大学洛杉矶分校医疗中心，X光显示他的颈钙化严重，必须立即动手术。然而，迪士尼仍然决定等到年底再说。

1966年9月19日，迪士尼和当时的加州州长布朗，在矿王谷举行了一次记者招待会。高山上气候寒冷，迪士尼着了凉。这也是他最后一次记者招待会了。

进入秋季，制片厂开始拍摄《丛林的故事》。这是根据英国作家拉迪亚德·基普林关于印度少年英格利与印度丛林中的动物的故事改编的一部动画片。故事讲述在一片美丽的丛林里，有许多可爱的小动物，它们幸福地生活在一起。可是，突然有一天，猎人拿着枪去打猎，小动物非常可怕，就连滚带爬地从猎人的眼皮下逃走了。可是，有一只小猴被猎人抓走了，猎人一次次地折磨小猴，大家看不下去了，就齐心协力把猎人赶走了。

虽然迪士尼很想参加这部影片早期的一些摄制工作，但未能如愿，因为乔治护士每天给他治疗都没有使他的疼痛减轻。当她建议找一位也许能对他有帮助的专家治疗时，迪士尼勉强同意了。西奥多·林德大夫是比弗利山的矫形外科医生，他在门诊室给迪士尼看了一下，就安排立即进行全面的体检和透视。

检查结果进一步证实迪士尼的脊骨已经严重钙化，肺部也有几个可疑的阴影。林德大夫立即建议他尽快住院治疗，否则他的身体将越来越糟。

但是，迪士尼并不是一个听话的病人，他做了个组织检查后又乘短程飞机到弗吉尼亚去领奖了。这些奖不断向他涌来，随后他筋疲力尽地回去了解体检结果。

10月初，迪士尼带着一张草图去出席"迪士尼世界"计划会议。10月29日，迪士尼到威廉斯堡接受美国森林协会的奖章，表彰他对保护自然资源的贡献。等回来时，他已呼吸不畅，腿疼得几乎不听使唤了。

之后，迪士尼进圣约瑟医院检查，X光透视发现他左肺有一核桃大的阴影。医生宣布："立即手术！"

但是，迪士尼还是回到制片厂，参加戏剧艺术的一次全国会议。之后的几天里，迪士尼参加加州艺术学院全体理事会议，历时4小时。

在会上，他第一次公布了校园建筑计划。迪士尼说："现在可以选一名校长，扩大理事会，可以开始招生了。"

会后，迪士尼去理了发，修了指甲，并看了43分钟的片子。星期六，他在家休息了一天。第二天，迪士尼自己开车到圣约瑟医院。

手术定在星期一早晨。

迪士尼安慰大家不要紧张，叮嘱莉莲不要到医院来。但戴安娜坚持要守在医院，于是她和莉莲、休伦等人在手术室外，紧张地盼望迪士尼出来。

过来很久，医生出来了，表情严肃地告诉3位女士："我很遗憾，你们的华特，他顶多只能活6个月到1年了……"

全家人都不相信。当戴安娜开车再去医院探视父亲时，她相信父亲一定会康复的。

这时，夜幕开始降临了，迪士尼还在加护病房，慢慢地恢复知觉。迪士尼显得很疲惫，他轻声地问戴安娜："我开刀的时候，你在这里吗？"

她点了头。当莉莲来探视他时，他很乐观，面带一丝微笑说："亲爱的，我是一个新人了。我现在只有一个肺了。但除此之外，一切都好。"

住院两个星期，迪士尼觉得无聊透了，他急着要回去工作。他对莉莲说："明天，对，明天我一定要去公司。不然，我会憋坏的……"

"这怎么行呢？你的身体还没有康复，你怎么这么不爱惜自己呢？"莉莲坚决不同意。但迪士尼向来都是不听家人话的。第二天，他又开始工作了。

回到公司，他先去办公室，阅读了公司各种计划的报告，又把相关的管理人员叫到一起开几次小会。

迪士尼对他的秘书说："我经历了一次大难，所谓'大难不死'，我会康复的，需要的只是暂时的休息。你们要继续拍电影，我尽力协助你们。"

讨论了一会儿剧本后，他说："剧本最重要，有了好剧本，一切就好办了。"

迪士尼在制片厂饭厅吃饭时，周围的人见他瘦得厉害，都大为吃惊。他只是说没有关系，休息一段时间就好了。他不愿多谈自己的健康问题，于是岔开话题，询问起公司的各种计划进展情况。

饭后,他到公司大楼,查看各处工作情形。

接下去的几天,迪士尼天天到制片厂上班。感恩节前夕,他和家人们团聚。

接着,他又抽空和莉莲乘飞机去了别墅。也许他觉得自己不会垮下去,可是他错了,他的身体虚弱,再也经受不住这么折腾了。

迪士尼的情况恶化,比医生预料的还要坏。罗伊带来公司的进展报告,沃什也来看他。迪士尼越来越虚弱,药物治疗已使他有时神志不清。

迪士尼和莉莲一起在黛安娜家里过了感恩节。他俩像是很自在,多数时间都是和孙儿们一起娱乐。晚饭后他就与莉莲开车去棕榈泉。

11月30日,迪士尼在自己家里晕倒后便失去了知觉,经医生抢救苏醒后由私人的救护车送去了医院。

医生立即对他进行治疗。两天后,迪士尼开始间歇失去了知觉。当他清醒过来时,又会随时陷入妄语状态。

一会儿,他想象自己才10岁,大声对着伊利亚斯和弗洛拉讲话。一会儿,他又恳求他的"儿子"米奇留在他身边。

1966年12月5日,这一天是迪士尼65岁生日。他睁开眼睛,看到妻子和两个女儿正围着他唱祝他生日快乐的歌,他就静静地注视着天花板。

在这以后,迪士尼几乎每一天都只能在床上度过。他吃不下饭,睡不好觉,他觉得一点力气都没有,就连说话都很困难。

12月14日整个下午莉莲都独自守在他身旁。这时他想下床,但已经不行了。她长时间紧紧地抱住他,直至他睡着为止。那天晚上他睡醒后还和罗伊静静地待了一个小时,罗伊曾向他保证华特·迪士尼世界会按时对外开放。

罗伊在将近22时的时候含着眼泪离开了。到了午夜时，迪士尼要求把他的床头升高，让他能往窗外看看他的制片厂。

但外面黑黑的一片，什么也看不见。

莉莲于是去请求罗伊帮忙。

很快，罗伊下令将厂里所有的灯光都打开。迪士尼满意地看着自己心爱的工厂，眼睛里充满着不舍。

第二天早上，也就是12月15日9时35分，迪士尼由于循环系统衰竭而永远地闭上了眼睛。

在他去世的当天，《纽约时报》刊登了这样的标题：

> 米老鼠王国的创始人——华特·迪士尼，与世长辞。

在这份报纸上，还刊登着这样一篇讣告，讣告这样写道：

> 华特·迪士尼开始时几乎一无所有，仅有的就是一点绘画才能，与所有人的想象相吻合的天才般的想象力，以及百折不挠一定要成功的决心。最后他成了好莱坞最优秀的创业者和全世界最成功的漫画大师……

当晚，哥伦比亚广播公司在晚间新闻的颂词中这样说道：

> 华特·迪士尼是一位富有创造性的天才，他为全世界的人带来了欢乐。但若我们仅仅从这一方面去判断他所作出的贡献，是远远不够的……

华特·迪士尼在医治、安慰人类心灵方面所作的贡献，也许比世界上任何一位心理医生都要大……

他永远活在人们的心中，他的精神将使我们建立自己拥有"无限能力"的信心，不断激励着我们的前进。

迪士尼病逝的消息一传开，世界各国报纸纷纷报道这一消息，大家称之为"人类的损失"，许多国家元首致电哀悼。约翰逊总统在致迪士尼妻子的唁电中这样说道：

在您丈夫的才华照耀之下，千千万万的人们享受到了一种更光明、更快乐的生活。他所创造的真、美和欢乐是永世不朽的。

两天后，迪士尼的遗体被火化，骨灰被安葬在美国加利福尼亚州西南部的格伦代尔森林墓地，一块杂草丛生的小块土地上。在那里，立着一块小小的纪念碑。

迪士尼的哥哥、合伙人——罗伊，在纪念文章中充分概括了迪士尼献身于迪士尼娱乐事业的一生：

华特·迪士尼是无法替代的。作为迪士尼制片厂的总经理兼董事长，我要向公众、向股东们，向我们的4000多名雇员中的每一位负责任地保证，我们会继续按照他所确定和指引的方向来经营迪士尼公司。

华特·迪士尼把他的一生，而且几乎是除了睡眠外的全部时间都献给影片的创作规划，用于迪士尼乐园、电视节目和多年来以他的名义进行的其他各项活动。华特·迪士尼把许多有创作才能的人团结在他周围，这些人都了解他通过娱乐与公众沟通的方式。迪士尼的方式总是独一无二的。他还建立了一个独一无二的企业，有一批使他有理由引为自豪的创作队伍。

就在迪士尼去世的第二年，1967年的春天，佛罗里达州批准了"迪士尼世界"的营建，已经73岁高龄的罗伊亲自来抓这项工程。他曾答应过弟弟，说一定要把"迪士尼世界"办起来，这一点他确实去做了。

但他很是力不从心：一则是年纪大了；二则他对"迪士尼世界"信心不足，他曾对人说："无论如何，这是一个赔钱的东西。"不过为了完成弟弟的遗愿，他还是勉为其难地把担子挑了起来。

经过数年的努力，"迪士尼世界"终于在罗伊的监督下建成了。当年的"迪士尼乐园"从筹备到建成仅仅用了3年的时间，而"迪士尼世界"却足足用了13年的时间。究其原因，固然是因为工程浩大，但迪士尼的乌托邦理想难以落实，恐怕也是一个重要的原因吧！

罗伊建成的"迪士尼世界"仅仅是"迪士尼乐园"之外的另一个"乐园"，他把迪士尼的乌托邦色彩巧妙地淡化了。也许这倒是罗伊的聪明之处。

"迪士尼世界"的全名是"华特·迪士尼世界"，它仍然挂着迪士尼的名字。

1971年10月23日，"迪士尼世界"开幕，罗伊为它举行了一个盛大的仪式，并在会上讲了话。

罗伊对来宾说：

我和弟弟华特开始共同创业，这几乎是半个世纪以前的事情。据我看来，他是一位真正的天才。他有创意，有决心。他目标单一而干劲十足。整个一生中他从来没有因压力过大而偏离他的路线。他几乎没有秘密可言。谁愿意听，他就会讲，他讲他对剧本的构想，讲他的计划，讲他的一切。

华特的一生就是这样。

这次讲话的两个月后，78岁的罗伊死于脑溢血。

迪士尼兄弟的时代过去了。可是，迪士尼给这个世界留下了大量的动画电影和两座游乐园，这一切已成为人类的永久财富，后人会永远记住他，并在他的遗产中吸取有益的东西。

附：年　谱

1901 年 12 月 5 日，出生于芝加哥。

1906 年，随家人搬到密苏里堪萨斯城的马赛琳农场。

1907 年，开始涂鸦画画。

1909 年，开始上学。

1911 年，随家人搬到堪萨斯城里。

1917 年，随家族搬回芝加哥，开始上高中。

1918 年，漫画作品被校刊登出，第二学期成为校刊美术编辑。和三哥罗伊谎报年龄从军，被征召参战，到法国照顾美军伤兵。

1919 年，回美后立志要当画家，告别父母又来到堪萨斯。

1920 年，与朋友创业成立"迪士尼广告公司"，但不久倒闭。进入堪萨斯城电影广告界后，开始接触动画。

1922 年，尝试自制卡通，完成一系列《小欢乐》卡通，卖给堪萨斯城电影商。

1923 年，开始推出《爱丽丝在卡通国》系列卡通。由于在堪萨斯城发展不易，到洛杉矶与三哥罗伊同住，继续拍摄《爱丽丝》系列。

1925年，与工厂女工莉莲结婚。

1927年，推出《幸运兔奥斯华系列》卡通。

1928年，员工被代理商私自挖走，迪士尼被迫放弃《幸运兔奥斯华系列》。米奇老鼠在车库的秘密工作室里诞生。

1929年，米奇老鼠大受欢迎，因此继续推出多部米奇的短片作品。同年开始推出《糊涂交响曲》系列短片。

1932年，因创造米老鼠，荣获奥斯卡特别奖。同年，推出了世界第一部彩色卡通《花与树》。

1933年，推出《三头小猪》，片中主题曲成为热门流行歌。

1934年，创造出唐老鸭。

1935年，推出第一部彩色米奇卡通《米奇音乐会》。

1937年，推出影史第一部长篇动画电影《白雪公主》。

1939年，因为拍摄《白雪公主》，获奥斯卡特别奖。

1940年，推出动画片《木偶奇遇记》。

1941年，片厂遭遇罢工潮，迪士尼感到受挫。推出一部特别电影《迪士尼片厂之旅》。因制作首部立体音电影《幻想曲》，获得奥斯卡特别奖。受美国政府之托赴中南美洲亲善访问，推出动画片《小飞象》。

1942年，推出动画片《小鹿斑比》，首创渲染式水彩概念画法。

1943年，推出纪录片动画《可敬的朋友》。之后，推出描述战争概念的纪录片《制空权的胜利》。

1945年，推出动画片《三骑士》。

1946年，推出动画片《为我谱上乐章》。同年，推出真人与动画共同主演的《南方之歌》。

1948年，推出第一部《真实世界历险记》的纪录片电影《海豹岛》，以及动画片《旋律时光》。

1950 年，推出动画片《仙履奇缘》。并推出了第一部完全由真人主演的电影《金银岛》。之后，继续推出《真实世界历险记》，纪录片《海狸峡谷》。

1951 年，推出动画片《爱丽丝梦游仙境》。

1952 年，为了筹备迪士尼乐园，独自成立了 WED 公司。

1953 年，推出动画片《小飞侠》。成立"博伟公司"，自行发行电影。推出第一部由博伟所发行的电影《沙漠奇观》。

1955 年，加州迪士尼乐园开幕。米老鼠俱乐部成立，并推出《大卫克罗传》电视影片以及首部宽银幕动画片《小姐与流浪汉》。

1959 年，推出动画片《睡美人》、经典喜剧名片《长毛狗》。迪士尼乐园推出单轨列车。

1960 年，推出《快乐小天使》《海角一乐园》等经典名片，捧红许多明星。

1961 年，推出动画《一零一忠狗》，采用全录复印创新技术。同年，推出经典名片《飞天老爷车》《小红娘》。在 NBC 推出《彩色世界》电视时段。

1963 年，秘密飞往佛罗里达物色第二座乐园地点，并且推出动画片《石中剑》。

1965 年，迪士尼乐园盛大庆祝 10 周年。同时，佛罗里达州迪士尼世界计划宣布。

1966 年，参加纽约年度花车大游行。推出首部小熊维尼短片《小熊维尼与蜂蜜树》。

1966 年 12 月 15 日，因肺癌医治无效去世，此前还在为"迪士尼世界"操劳。该主题乐园在他死去几年后开幕。